60대 자영업자 박사장은 어떻게
9년 만에 소형 아파트 30채를 모았을까?

평범한 60대 자영업자가
월세 소득 1000만 원을 이루기까지

60대 자영업자
박사장은 어떻게
9년 만에
소형 아파트
30채를
모았을까?

박승찬 지음

저는 평범한 60대 자영업자입니다. 40년이라는 긴 세월 동안 주방용품 가게를 운영하며 묵묵히 제 삶을 꾸려왔죠. 그러던 어느 날 문득, 앞으로의 미래에 대한 고민이 깊어졌습니다.

제 첫 시작은 동대문 종합시장 상가의 작은 소매점이었습니다. 그곳에서 점원으로 일하며 매일 오전 8시부터 저녁 8시까지, 가게의 잡일부터 판매, 배달, 청소까지 안 해본 일이 없었죠. 하루하루가 버겁게 느껴졌고, 그때는 장사가 무엇인지도 모른 채 그저 '한 달 일하면 월급을 받는다'는 생각뿐이었습니다.

그렇게 시작된 장사의 길은 한평생 저의 직업이자 천직이 되었습니다. 열심히 살아온 덕분에 작은 결실들도 마주하게 되었죠. 남대문 3층 그릇 도매상가에서 선배 가게의 점원으로 일하던 중, 우연히 인근 점포 사장님이 가게를 내놓는다는 정보를 듣게 되었습니다. 급히 친구 두 명을 불러 의기투합했고, 각자 자금을 마련해 세 명이 동업으로 작은 가게를 인수하게 되었죠.

그리고 2년간 밤낮없이 열심히 장사한 결과 적잖이 자산 증식이 이루어졌고, 저희는 약속대로 이를 세 등분하여 각자의 길로 독립하게 되었습니다. 저는 이후 동대문 광장시장에 새 둥지를 틀고, 자금이 넉넉지 않은 관계로 이번에는 친구 한명과 둘이서 동업에 도전했습니다. 이곳에서도 2년간 동업으로 투자금 대비 두 배 정도로 성장하며 성공적인 독립으로 이어졌습니다.

그 후 진정한 '솔로 자영업자'가 되어서 3년간 영업 성장을 이루었고, 매장을 주거지 가까운 곳으로 새로 이전 개장하여 약 10년간 꾸준한 성장과 안정을 찾게 되었습니다.

당시 대로변 주방용품 매장을 운영하던 중, 인근에 젊은 형제의 개업식 초대를 받아 자리에 참석하게 되었습니다. 그곳에서 축하 덕담과 이런저런 이야기를 나누던 중 그 건물을 경매로 낙찰받았다는 것을 알게 되었고, 관심이 높아져 틈나는 대로 이야기를 나누게 되었습니다. 경매에 대해 질문하며 알아가던 중 깊이 있는 질문에는 애매한 답변을 주길래, 좀 더 심도 있게 알고 싶어하니 상대는 "내 밥그릇을 나눠줄 수 없지 않겠느냐"며 냉정하게 거절했습니다.

그 시절만 해도 경매는 일반인이 접근하기에는 정보가 너무 없고 어렵게 인식되었다 보니 한편으로는 이해도 되었습니다. 하지만 어느 순간부터 마음속에 큰 울림이 시작되었고, '이

대로 생활한다면 지금이나 앞으로 나의 미래가 경제적으로 담보 상태일 것이 당연하겠다'는 생각이 지배적이었습니다. 결국 여러 해를 고민과 걱정으로 보내면서 확실한 신념을 갖지 못하고 지지부진하게 세월만 보냈습니다.

그러던 중 아이디어가 하나 떠올랐습니다. 자영업이기에 날마다 매출이 발생하니 크든 작든 그날 매상의 1할(10%)씩을 따로 금고에 모으기 시작한 겁니다. 모으다가 돈을 지출하게 되거나 급한 돈이 필요하게 되면 일단 모은 돈에서 차용하고, 그 돈을 다시 갚으면서 이자 10%를 더 보태 다시 금고로 넣었습니다. 즉, '저수지 효과'를 만든 것이죠. 들쑥날쑥했지만 꾸준히 모으니 6개월, 1년 시간이 흐를수록 생각보다 자금 형성이 커지기 시작했고 거래처 인식이 좀 더 강해지기 시작했습니다. 물품 제공 업체가 자금이 급하면 상품을 더 할인된 가격으로 넘기거나 선수금 할인을 제안하게 되니 판매 마진에 유리한 부분이 생겨 피드백이 형성되고 여유 자금에 많은 도움이 되었습니다.

그 여유 자금이 생긴 부분을 가지고 부동산 투자 계획을 세우게 되었습니다. 처음 투자한 아파트는 소형 도시형 주택이었는데, 분양 업체에서 월세 임대로 이미 세입자가 맞춰진 상태에서 분양과 승계를 동시에 진행하는 형태였습니다. 회사 차원의 담보 대출도 들어있었기에 월세 보증금과 대출금 두 가지를 승계하니 결국 한 채 값으로 두 채를 매수하게 되어 즉시 월세 소득이 창출되었습니다.

이때 두 채에서 나오는 월세 소득은 합쳐서 70만 원이었고, 이중 원금과 이자(원리금) 합계 32만 원을 제외하면 나머지 순수익은 38만 원이었습니다. 하지만 원금은 소멸성이 아니기에 나중에 대출 원금은 그만큼 차감되니 실질 소득은 더 큰 셈이었죠. 한 채 값으로 두 채를 사들이니 성취감이 대단했고, 하루하루가 제 생활에 에너지도 되고 숨어있던 자신감과 의지가 자라기 시작했습니다.

그렇게 들어오는 월세는 날짜에 맞춰 새로운 적금을 들고 자동 납부를 시작했습니다. 그렇게 시작한 월세 소득 아파트는 주로 소형 아파트를 타겟으로, 소액과 수익률을 산정하여 물색하고 범위를 넓혀가며 찾고 또 찾았습니다. 그 노력과 열의가 서서히 시야를 확장시켜주니 생각보다 적은 돈으로도 소형 아파트를 소유하게 되었고, 자금 역시 평소에 놓치고 있거나 관심 밖이었던 부분도 눈에 들어오기 시작했습니다.

그렇게 시작한 소형 아파트 투자는 9년이 지난 지금도 진행형이고, 현재 달성한 30채 아파트가 끝이 아닙니다. 앞으로 은퇴 시점까지 추가로 더 늘려서 노후 대책과 경제적 자유 완성을 이루려는 목표가 선명하기에 오늘도 아파트 쇼핑(네이버 부동산 앱을 검색하며 쇼핑)을 하는 즐거움에 하루하루가 기대되고 설렙니다.

이 책을 읽는 독자분들도 절박하고 절실한 심정으로 몰입하고 실행한다면 저의 발자취가 방향을 잡아줄 수 있다고 생각합니다. 본문에서는 제가 직접 경험했던 과정과 방법, 실제 사례, 그리고 마주했던 문제와 해결 요령 등에 대하여 자세하게 설명해드리겠습니다.

목차

소액 부동산 투자, 꿈이 아닌 현실

실전 투자, 이렇게 해보세요!

성공적인 투자를 위한 마인드셋

나의 소액 부동산 투자 성공 스토리

미래를 위한 최고의 선택, 소액 부동산 투자

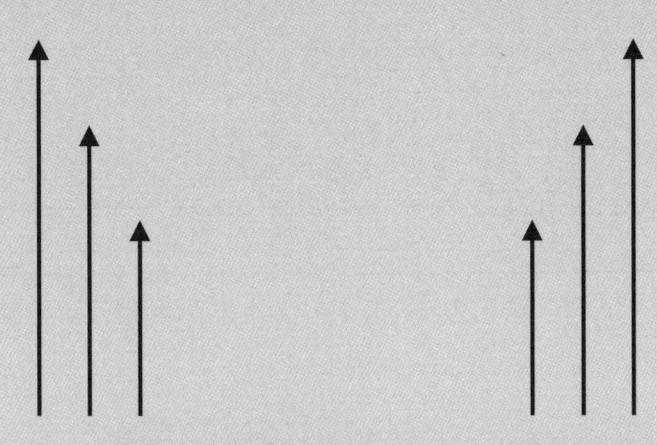

소액 부동산 투자,
꿈이 아닌 현실

이제 소액으로도 부동산 투자에 뛰어들 수 있는 시대입니다. 작은 아파트 한 채가 월세 수익과 자산 증식의 출발점이 될 수 있죠. 중요한 것은 '꿈'이 아니라, 현실적 전략과 꼼꼼한 실행입니다. 이 글에서는 소액으로 시작해 안정적인 수익을 만드는 실전 요령을 안내합니다.

01

왜
소액 부동산 투자인가?

많은 사람들이 '부동산 투자'라고 하면 으리으리한 빌딩이나 수십억 원짜리 아파트를 떠올리며, 돈 많은 사람들만 할 수 있는 '그들만의 리그'라고 생각합니다. 물론 큰 자금으로 시작하면 유리한 부분도 있겠죠. 하지만 저는 40년간 주방용품 가게를 운영해온 평범한 자영업자입니다. 처음부터 큰돈이 있었던 게 아니었어요. 저 역시 작은 돈, 소액으로 시작했습니다. 그리고 그 소액 투자의 경험들이 쌓여 지금의 제가 있게 된 거죠.

이 책을 읽는 독자 여러분께 저는 **'적은 돈으로도 부동산 투자를 시작할 수 있다'**는 사실을 제 경험을 통해 분명히 말씀드리고 싶습니다. 소액 투자는 신중한 접근이 필요하지만, 철저한 준비와 전략이 있다면 충분히 현실이 될 수 있습니다. 이 글에서는 소액 투자 시 고려해야 할 핵심 사항들을 짚어보고, 저의 경험을 녹여낸 성공적인 투자 맞춤 전략을 제시합니다.

소액 투자가 왜 현실이 될 수 있냐면요. 첫째, 투자의 문턱이 생각보다 낮기 때문입니다. 경매나 공매, 혹은 분양권 승계,

급매물 등을 잘 활용하면 적은 자금으로도 시세보다 저렴하게 매수할 기회를 잡을 수 있습니다. 둘째, 레버리지 효과(대출)를 잘 활용하면 적은 내 돈으로 큰 자산을 움직일 수 있기 때문입니다. 물론 대출은 신중하게 접근해야 하지만, 계획적인 대출은 소액 투자의 날개가 될 수 있습니다. 셋째, 소형 아파트나 빌라, 오피스텔 등 소액으로 접근 가능한 다양한 형태의 부동산이 존재하기 때문입니다. 큰 아파트나 상가에 비해 상대적으로 적은 금액으로도 시작할 수 있죠.

저는 이 책을 통해 여러분이 가진 '소액'이라는 씨앗이 어떻게 '경제적 자유'라는 열매를 맺을 수 있는지 그 과정을 구체적으로 보여드릴 겁니다. 저처럼 평범한 자영업자도 해냈으니, 여러분도 충분히 할 수 있습니다. 중요한 것은 '나에게 맞는 방법'을 찾고, '실행'하는 용기입니다.

02

나에게 맞는
투자 전략 찾기

부동산 투자에는 '정답'이 없습니다. 그리고 남들이 성공한 전략이라고 해서 나에게도 꼭 맞는 것은 아니죠. 워렌 버핏이 애플에 투자해서 큰 수익을 냈다고 해서 제가 똑같이 애플 주식을 사도 똑같은 결과가 나오지는 않듯이 말입니다. 부동산 투자도 마찬가지예요. 나에게 맞는 옷을 고르듯, 나에게 맞는 투자 전략을 찾는 것이 중요합니다.

저는 왜 많은 부동산 종류 중에서 '**소형 아파트**'를 선택했을까요? 제 상황과 목표에 비추어 보았을 때 가장 적합하다고 판단했기 때문입니다.

- **상대적으로 적은 투자금**: 당시 제가 가진 '저수지 자금'으로는 큰 상가나 고가 아파트에 투자하기 어려웠습니다. 소형 아파트는 그에 비해 투자 단위가 작아서 접근하기 용이했죠.
- **안정적인 월세 수익**: 저는 은퇴 후에도 꾸준히 들어오는

고정적인 수입이 필요했습니다. 소형 아파트는 1인 가구나 신혼부부 등에게 임대 수요가 꾸준하여 월세 수익을 비교적 안정적으로 확보할 수 있다는 장점이 있었습니다.
- **환금성**: 대형 상가나 특수 부동산에 비해 소형 아파트는 거래가 비교적 활발하여 필요시 매도하기가 수월합니다.

이처럼 자신의 현재 상황(보유 자금, 대출 가능 여력, 투자 경험), 투자 목표(월세 수익형인지, 시세 차익형인지, 장기 보유인지 단기 매매인지), 투자에 할애할 수 있는 시간과 노력, 그리고 자신의 성향(안정적인 것을 선호하는지, 좀 더 공격적인 투자를 감수할 수 있는지) 등을 종합적으로 고려해야 합니다.

나에게 맞는 투자 전략을 찾기 위한 첫걸음은 바로 가까운 지역에 투자할 만한 대상을 찾는 것입니다. 저는 주로 소형 아파트 위주로 살펴보았는데, 아파트 단지가 클수록 유리하다고 판단했습니다. 투자 가용액에 따른 매물을 선별해서 분석하고, 현재 월세 세입자가 거주하고 있는 물건이 유리했습니다. 가급적이면 계약 잔여 기간이 많이 남아있으면 더욱 안정적입니다.

03

투자 예산 및
목표 수익률 설정

나에게 맞는 투자 전략의 방향을 잡았다면, 그다음은 구체적인 숫자 싸움입니다. 바로 '투자 예산'과 '목표 수익률'을 설정하는 것이죠. 막연하게 "돈 벌어야지"가 아니라, "OO년 안에 XX원의 월세 수익 또는 YY원의 자산 증식"이라는 명확한 목표를 세워야 합니다.

1. 투자 예산, 즉 '시드머니' 파악하기

가장 현실적인 첫걸음은 현재 내가 부동산 투자를 위해 동원할 수 있는 '내 돈', 즉 시드머니가 얼마인지를 정확히 파악하는 것입니다. 예금, 적금, 주식 등 유동화 가능한 자산과 비상자금을 제외한 여유 자금이 얼마나 되는지 냉정하게 계산해야 합니다.

저의 경우, 앞서 이야기한 '저수지 효과'를 통해 꾸준히 모은 자금이 시드머니의 바탕이 되었습니다. 매일 매출의 10%를 떼어놓는다는 단순한 습관이 모여 목돈이 되었죠. 만약 당장 시드머니가 부족하다면, 저처럼 수입의 일부를 꾸준히 모으는 습관부터 시작하거나, 불필요한 지출을 줄이는 등 자금을 확보하기 위한 노력이 필요합니다. 소액 투자라고 해서 '그냥 되는 것'은 없으니까요.

예를 들어 5천만 원으로 투자한다고 가정하면, 대출 없이 매수 가능한 가격대는 5천5백만 원에서 6천만 원 선으로 잡는 것이 좋습니다. 월세 보증금은 5백만 원에서 1천만 원 정도를 예상하고, 보증금이 5백만 원일 경우 월세는 35만 원에서 45만 원 선으로, 평균 수익률은 8%에서 12% 정도 예상할 수 있습니다.

2. 목표 수익률 설정하기

시드머니 규모가 파악되었다면, 이제 이 돈으로 어느 정도의 수익을 목표로 할 것인지 구체적으로 설정해야 합니다. 목표는 크게 두 가지 관점에서 볼 수 있습니다.

- **월세 수익 목표**: 매달 또는 매년 얼마의 임대 소득을 얻고 싶은가? (예: 매달 100만 원의 월세 수익)
- **자산 증식 목표**: 몇 년 안에 투자 원금 대비 자산 가치를 얼마만큼 늘리고 싶은가? (예: 5년 안에 투자 원금을 두 배로 만들기)

특히 월세 수익형 투자를 고려한다면 '수익률' 계산이 중요합니다. 일반적으로 부동산 투자 수익률은 (연간 임대 소득 / (매수 가격 + 부대 비용 − 대출금)) x 100%로 계산할 수 있습니다. 하지만 더 현실적으로는 '내 돈' 대비 수익률을 계산하는 것이 중요합니다. 즉, (연간 임대 소득 / (매수 가격 + 부대 비용 − 대출금 − 전세보증금)) x 100%로 계산했을 때의 수익률을 따져봐야 합니다.

목표 수익률은 너무 비현실적이지 않게, 자신의 시드머니와 투자 기간, 감수할 수 있는 위험 수준 등을 고려해서 설정해야 합니다. 처음에는 보수적으로 접근하고, 경험이 쌓이면서 점차 목표를 상향 조정하는 것도 좋은 방법입니다.

명확한 예산과 목표 수익률이 설정되면, 어떤 지역의 어떤 종류의 물건에 투자해야 할지 구체적인 그림을 그리는 데 훨씬 수월해집니다. 막연한 투자가 아닌, 계획적이고 전략적인 투자를 시작할 수 있게 되는 거죠.

04

투자 지역 선정:
어디에 집중해야 할까?

부동산 투자는 '어디에' 투자하느냐가 절반 이상을 좌우한 다고 해도 과언이 아닙니다. 아무리 좋은 물건이라도 지역 선 정이 잘못되면 원하는 결과를 얻기 어렵죠. 특히 소액 투자자 는 자금의 한계가 있기 때문에 더욱 신중하게 투자 지역을 골 라야 합니다.

저는 전국 방방곡곡의 소형 아파트를 찾아다니며 저만의 투자 지역 선정 기준을 세웠습니다. 저의 경험을 바탕으로 투 자 지역을 고를 때 고려해야 할 핵심 요소들을 알려드릴게요.

1. **인구 변화 및 수요**: 투자 지역의 인구가 꾸준히 유지되거나 증가하는 추세인지, 특히 1인 가구나 신혼부부 등 소형 아 파트의 주요 수요층이 유입되고 있는지를 살펴봐야 합니 다. 젊은 층의 유입이 많다는 것은 그만큼 일자리가 있거 나 생활 환경이 좋다는 신호일 수 있습니다.
2. **개발 호재**: 교통망 확충(새로운 지하철 노선, 도로 개통 등),

대규모 산업단지 조성, 신도시 개발, 구도심 재개발 등 지역 가치를 높일 만한 개발 호재가 있는지를 확인해야 합니다. 이런 호재는 미래의 임대 수요 증가나 시세 상승으로 이어질 가능성이 높습니다.

3. **교통 및 생활 환경:** 대중교통 이용 편리성, 주요 도로 접근성, 주변에 마트, 병원, 학교, 공원 등 편의 시설이 잘 갖춰져 있는지도 중요합니다. 임차인들이 살기 좋은 곳은 그만큼 공실 위험이 적겠죠.

4. **공실률:** 해당 지역의 소형 아파트 공실률이 낮은지를 확인하는 것이 매우 중요합니다. 공실률이 높다는 것은 임대 수요가 적거나 공급이 많다는 신호일 수 있으므로, 투자 전에 부동산 중개업소나 현지 정보를 통해 꼭 확인해야 합니다.

5. **투자금 대비 수익률:** 앞서 설정한 목표 수익률을 달성할 수 있는 지역인지 따져봐야 합니다. 같은 금액으로 투자했을 때 어떤 지역이 더 높은 월세 수익이나 시세 상승 가능성을 보여주는지 비교 분석이 필요합니다.

소액 투자의 경우, 수도권이나 대도시보다는 중소도시나 지방을 고려하는 것이 좋습니다. 적은 금액으로 투자할 물건을 찾기가 쉽지 않지만, 발품을 팔면 충분히 좋은 물건을 찾을 수 있습니다. 저는 처음에 살고 있던 지역 근처부터 시작해서 점차 범위를 넓혀갔습니다. 네이버 부동산이나 다른 부동산 앱을 통해 온라인으로 매물을 검색하고 시세를 파악하는 것은 기본이고요. 그 다음에는 직접 발품을 팔았습니다. 후보 지역에 직접 가서 동네 분위기는 어떤지, 주변에 어떤 시설들이 있는지, 출퇴근 시간에는 교통이 어떤지 등을 눈으로 확인하고 느껴보는 것이 중요합니다. 부동산 중개업소 여러 곳을 방문해서 현지 분위기와 임대 수요에 대한 생생한 정보를 얻는 것도 필수적이고요.

특히 소액 투자자에게는 남들이 아직 잘 모르는 숨겨진 보석 같은 지역을 찾아내는 통찰력이 필요할 때도 있습니다. 큰 도시는 이미 가격이 많이 올라 소액으로 접근하기 어렵다면, 그 주변의 위성도시나 앞으로 발전 가능성이 있는 지방 소도시 등으로 눈을 돌려보는 것도 전략이 될 수 있습니다.

05

나에게 맞는
투자 물건 고르는 법

투자 지역을 정했다면, 이제 그 지역 안에서 구체적으로 어떤 '물건'에 투자할 것인지를 골라야 합니다. 30채의 소형 아파트를 보유하게 되기까지 제가 수많은 물건들을 검토하고 선택했던 기준들이 있습니다. 저만의 노하우를 공유해 드릴게요.

우선 투자 물건 고르기에 대한 분석에 집중합니다. 투자 대상으로는 빌라, 원룸, 상가, 아파트, 오피스텔 등 월세 받을 수 있는 물건이 다양합니다. 그중 제가 가장 추천하는 물건은 소형 아파트입니다. 그 이유는 수익률과 현금 호환성 때문입니다.

여기서 고려해야 할 점은 인근에 학교(특히 초, 중학교)가 가까이 있는지 파악해보고, 또한 인프라, 즉 장보기 편리성, 병원, 학원, 교통 이용 편의 등 일상생활 편의성이 잘 갖춰졌다면 아주 좋습니다. 이런 요소들이 임차인들이 살기 좋은 환경을 만들고 공실 위험을 줄여줍니다.

1. **압도적인 임대 수요 확인**: 소형 아파트 투자의 핵심은 '월세'

입니다. 월세가 끊이지 않으려면 임차인이 살고 싶어 하는 곳이어야 하죠. 역세권인지, 주변에 대학가나 산업단지 등 임대 수요가 풍부한 곳이 있는지를 최우선으로 봐야 합니다. 직장인이나 학생들이 선호하는 조건을 갖춘 곳이 좋습니다.

2. **적절한 규모와 구조**: 소형 아파트라고 해도 너무 작으면 선호도가 떨어질 수 있습니다. 1인 가구나 신혼부부가 살기에 적합한 10평~20평대 초반의 크기가 일반적입니다. 내부 구조가 임차인이 사용하기에 편리하게 되어 있는지도 확인해야 합니다.

3. **건물 상태 및 연식**: 너무 오래된 건물보다는 적어도 기본적인 리모델링이 되어 있거나 관리가 잘 된 건물이 임대 놓기 수월합니다. 건물의 연식은 대출이나 향후 매도 시에도 영향을 미칠 수 있으니 고려해야 합니다. 하지만 오래되었더라도 위치가 아주 좋거나 내부 수리가 잘 되어 있다면 좋은 투자 물건이 될 수도 있습니다.

4. **주변 편의시설 및 환경**: 마트, 편의점, 세탁소 등 생활 편의시설이 가까이 있는지, 소음이나 혐오 시설은 없는지 등을 직접 방문하여 확인해야 합니다. 조용하고 쾌적한 환경일수록 임차인들이 오래 살고 싶어 하겠죠.

5. **관리 상태**: 건물의 전반적인 관리 상태도 중요합니다. 복도, 계단, 주차장 등 공용 공간이 청결하게 관리되고 있는지, 기본적인 보안 시설은 잘 갖춰져 있는지 등을 살펴보세요.

관리가 잘 되는 건물은 임차인 만족도가 높고 건물 가치 유지에도 도움이 됩니다.

6. **시세 및 급매 여부 확인:** 주변 시세 대비 저렴하게 나온 물건인지 확인해야 합니다. 급매물은 종종 좋은 투자 기회를 제공합니다. 다만, 급매인 이유가 무엇인지 꼼꼼하게 파악하는 것이 중요합니다. 하자는 없는지, 법적인 문제는 없는지 등을 확인해야 합니다. 네이버 부동산, 직방, 다방 등 다양한 플랫폼과 지역 부동산 중개업소를 통해 시세를 비교 분석해야 합니다.

7. **권리 분석(경매/공매 시):** 만약 경매나 공매로 물건을 매수한다면, 해당 물건의 권리 관계(등기부등본 확인, 임차인 현황, 선순위 채권 등)를 정확하게 분석하는 것이 필수입니다. 권리 분석 오류는 큰 손실로 이어질 수 있으므로 신중해야 합니다. 필요하다면 전문가의 도움을 받아야 합니다.

저는 단순히 숫자로만 판단하지 않았습니다. 후보 물건이 있다면 반드시 직접 방문해서 동네 분위기, 건물 상태, 내부 구조 등을 눈으로 확인하고 발로 뛰었습니다. '내가 임차인이라면 이 집에 살고 싶을까?'라는 질문을 스스로에게 던지며 객관적으로 평가하려고 노력했습니다. 여러 채를 보면서 자신만의 '촉'이 생기는 것도 무시할 수 없죠.

물건을 고르는 과정은 마치 보물찾기와 같습니다. 수많은 정보 속에서 나에게 맞는, 그리고 수익을 가져다줄 물건을 찾아내는 재미가 쏠쏠하죠. 꼼꼼함과 발품이 더해진다면 좋은 물건을 찾을 확률은 훨씬 높아집니다.

06

금융권 대출 활용 전략: 레버리지 효과 극대화

부동산 투자를 이야기할 때 빼놓을 수 없는 것이 바로 '대출'입니다. 흔히 '레버리지(Leverage)'라고 부르는데, 지렛대처럼 작은 힘으로 무거운 물건을 들어 올리듯, 적은 내 돈(자기자본)으로 은행 돈(타인 자본)을 빌려 더 큰 규모의 자산에 투자하여 수익률을 높이는 전략이죠.

저는 '빚'이라면 질색하는 아주 보수적인 사람이었습니다. 자영업을 하면서도 외상 거래는 최대한 줄이고, 현금 흐름을 중요하게 생각했죠. 하지만 부동산 투자를 본격적으로 시작하면서 대출의 중요성을 깨닫게 되었습니다. 특히 소액으로 여러 채의 아파트를 매수하기 위해서는 대출을 '똑똑하게' 활용하는 것이 필수였습니다.

소액 투자의 경우, 금융권 대출을 활용하는 것이 유리할 수 있습니다. 하지만 소액 주택은 대출 한도가 적기 때문에 담보 대출보다는 다른 대출을 활용하는 것이 좋습니다. 금융권 대출을 이용할 때는 다음 사항들을 고려해야 합니다.

- **대출 금리**: 대출 금리가 낮을수록 이자 부담이 줄어듭니다.
- **대출 한도**: 대출 한도가 높을수록 더 많은 금액을 투자할 수 있습니다.
- **상환 조건**: 상환 기간과 상환 방식을 고려하여 자신에게 맞는 대출 상품을 선택해야 합니다.

제 첫 투자 경험에서 담보 대출을 승계하여 사실상 1채 자금으로 2채를 매수한 것이 바로 레버리지 활용의 좋은 예였습니다. 만약 제가 가진 돈만으로 투자했다면 한 채도 사기 어려웠거나, 아주 오랜 시간이 걸렸을 겁니다. 대출은 단순히 돈을 빌리는 행위를 넘어, 투자 가능성을 넓히고 자산 증식 속도를 높이는 전략이 될 수 있습니다.

물론 무분별한 대출은 위험합니다. 감당할 수 없을 만큼 빚이 많아지면 금리 변동이나 부동산 시장 하락기에 큰 위기를 맞을 수 있죠. 그래서 저는 대출을 받을 때 몇 가지 원칙을 세웠습니다.

- **상환 계획을 철저히 세울 것**: 대출 원리금을 매달 임대 소득으로 충분히 감당할 수 있는 수준인지 꼼꼼히 계산했습니다. 월세 수익으로 대출 이자뿐만 아니라 원금 일부까지 상환하며 '내 돈'으로 만드는 속도를 높였습니다.
- **금리 변동 위험에 대비할 것**: 저금리 시대에는 변동금리가 유리할 수 있지만, 금리가 오를 가능성도 염두에 두고 고

정금리나 변동금리 중 어떤 것이 유리할지 신중하게 선택했습니다. 혹시 모를 금리 상승에 대비해 약간의 여유 자금을 확보해두는 것도 중요하다고 생각했습니다.

- **다양한 대출 상품 비교:** 주택 담보 대출이라고 다 같은 조건이 아닙니다. 은행별로 금리, 한도, 상환 방식 등이 다르므로 여러 은행을 방문하거나 대출 비교 플랫폼을 활용하여 저에게 가장 유리한 조건을 찾아냈습니다. 신용도가 높을수록 좋은 조건을 얻을 수 있으니, 평소 신용 관리를 잘 하는 것도 중요하죠.

그리고 소형 아파트 월세 투자에서는 '전세 보증금'도 일종의 레버리지 역할을 합니다. 임차인에게 받은 전세 보증금은 집주인 입장에서는 무이자로 빌린 돈과 같습니다. 이 보증금을 활용하여 다음 투자 자금으로 사용하거나 기존 대출금을 상환하는 데 활용할 수 있죠. 다만, 나중에 임차인이 나갈 때 돌려줘야 할 돈이므로 언제든 돌려줄 수 있도록 현금 유동성을 확보해두거나, 다음 임차인에게 받을 보증금으로 충당하는 계획을 세워두어야 합니다.

저는 대출을 '무서운 빚'이 아닌, '투자를 돕는 도구'로 생각했습니다. 도구는 제대로 알고 잘 사용하면 약이 되지만, 잘못 사용하면 독이 될 수 있죠. 자신의 상환 능력을 정확히 파악하고, 신중하게 계획하여 활용한다면 대출은 소액 투자자가 자산을 빠르게 불려나가는 데 있어 강력한 무기가 될 것입니다.

스토리: 대출받을 때 은행 직원이 놀란 이유

처음 두 채를 동시에 매수하면서 대출을 받을 때였습니다. 한 채는 분양 승계라 대출도 그대로 승계했지만, 다른 한 채는 새로 대출을 받아야 했죠. 은행 직원에게 제가 소형 아파트 여러 채에 투자할 계획이라고 말했더니, '아니, 사장님 연세에 그런 투자를 하신다고요?'라며 의외라는 반응을 보이더군요. 그때만 해도 60대에 공격적으로 부동산 투자에 나서는 경우가 흔치 않았나 봅니다. 저는 그저 묵묵히 제가 세운 계획과 상환 능력을 설명했고, 다행히 대출을 잘 받을 수 있었습니다. 남들이 예상치 못한 길을 갈 때 오는 의외의 시선이나 반응이 때로는 저를 더 단단하게 만들기도 했습니다.

07

세금 문제,
미리 알고 대비하자

부동산 투자로 수익을 얻는 것만큼 중요한 것이 바로 '세금' 문제입니다. 세금을 제대로 알지 못하면 예상치 못한 세금 폭탄을 맞거나 수익률이 크게 줄어들 수 있습니다. 특히 여러 채의 부동산을 보유하게 되면 세금 구조가 복잡해지기 때문에 미리 공부하고 전문가의 도움을 받는 것이 필수입니다.

저는 처음 투자를 시작할 때 세금에 대해 아는 것이 거의 없었습니다. 그저 가게 운영하면서 내는 세금만 신경 썼지, 부동산 관련 세금은 저와는 먼 이야기라고 생각했죠. 하지만 첫 아파트를 사고 월세 소득이 발생하면서 비로소 세금 문제가 현실로 다가왔습니다.

부동산 투자와 관련된 주요 세금은 다음과 같습니다.

- **취득세**: 부동산을 매수할 때 내는 세금입니다. 주택 수나 가격, 지역에 따라 세율이 달라지므로 매수 전에 확인해야 합니다. 여러 채를 보유하게 되면 취득세율이 높아지

는 경우가 많습니다.

- **재산세**: 매년 보유한 부동산에 대해 내는 세금입니다.
- **종합부동산세(종부세)**: 일정 가액 이상의 부동산을 보유할 경우 내는 세금입니다. 주택 수가 많거나 공시 가격 합계가 높으면 부과될 수 있습니다.
- **양도소득세**: 부동산을 팔 때(양도) 발생하는 시세 차익에 대해 내는 세금입니다. 보유 기간에 따라 세율이 크게 달라지므로 매도 시점을 잘 선택하는 것이 중요합니다. (특히 1년 미만 단기 매매 시 양도세율이 매우 높습니다.)
- **종합소득세**: 임대 사업을 통해 얻는 월세 소득은 사업 소득으로 분류되어 다른 소득(자영업 소득 등)과 합산하여 종합소득세로 신고해야 합니다.

주택을 여러 채 보유하면 다주택자가 되어 취득세 중과 등의 세금 문제가 발생할 수 있습니다. 이를 방지하려면 공시 가격 1억 원 미만의 주택을 구입하는 것이 좋습니다. 거래 가격이 아닌 공시 가격 기준으로 1억 원 미만 주택은 100채를 보유해도 다주택자 예외 적용으로 취득세 중과에서 벗어나기 때문입니다.

제가 임대 소득에 대한 세금 부담을 줄이기 위해 활용했던 방법 중 하나가 바로 임대 사업자 등록이었습니다. 임대 사업자로 등록하면 필요 경비를 인정받아 세금 부담을 줄일 수 있고, 경우에 따라 세제 혜택을 받을 수도 있습니다. 또한, 앞으로 그림 창작이나 전자상거래를 기존 사업자에 추가하여 경비를 처리하려는 계획처럼, 다른 사업 활동과 연계하여 전체적인 소득세 부담을 관리하는 전략도 중요합니다. 사업 운영에 필요한 경비(이자 비용, 재산세, 수리비, 중개 수수료 등)를 제대로 인정받는 것이 절세의 기본입니다.

가장 중요한 것은 세무 전문가(세무사)의 도움을 받는 것입니다. 부동산 세법은 자주 바뀌고 복잡하기 때문에 혼자서 모든 것을 파악하기는 어렵습니다. 저는 투자 초기부터 세무사님과 상담하며 제가 가진 물건들에 대한 세금 문제를 미리미리 점검하고, 어떻게 신고해야 할지, 어떤 경비를 인정받을 수 있는지 등을 자세히 안내받았습니다. 전문가의 도움 덕분에 불필요한 세금 부담을 줄이고 합법적으로 절세할 수 있었습니다.

세금은 피할 수 없지만, 제대로 알고 대비하면 충분히 관리 가능한 비용이 됩니다. 부동산 투자 계획을 세울 때 세금 부분을 간과하지 말고, 반드시 전문가와 상담하여 현명하게 대처하시기를 바랍니다.

스토리: 첫 종합소득세 신고 때의 당황

첫 임대 소득이 발생하고 다음 해 5월, 종합소득세 신고 기간이 다가왔습니다. 자영업 소득만 신고하다가 임대 소득이 합쳐지니 머리가 복잡하더군요. 세무서에 가서 물어볼까 하다가 아는 세무사님께 찾아갔습니다. 세무사님이 제가 가진 사업자 현황과 임대 물건들을 보시더니 "사장님, 이렇게 하시면 세금이 꽤 많이 나올 수 있습니다. 임대 사업자 등록은 하셨나요?"라고 물으시는데 그때서야 정신이 번쩍 들었습니다. 부랴부랴 임대 사업자 등록을 하고, 세무사님의 도움을 받아 경비 처리 등을 제대로 해서 생각보다 세금 부담을 줄일 수 있었습니다. 그때부터 세금은 '미리미리' 챙겨야 한다는 것을 뼈저리게 느꼈죠.

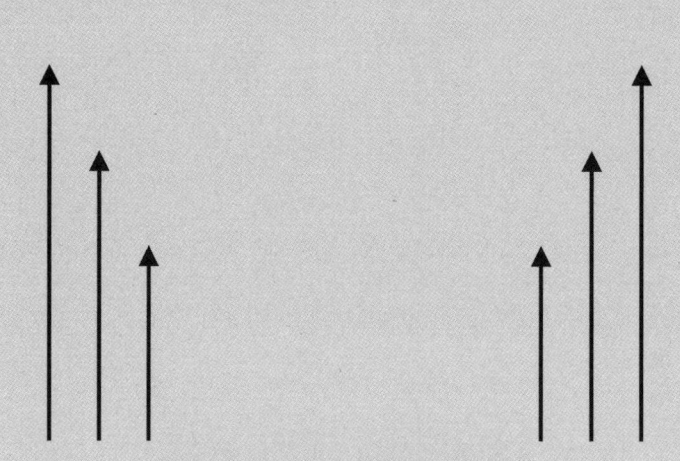

실전 투자,
이렇게 해보세요!

소형 아파트 투자는 적은 자본으로 시작해도 안정적 월세 수익을 통해 자산 증가를 이룰 수 있는 현실적 투자 방법입니다. 하지만 소액 투자일수록, 입지, 임대 수요, 관리 비용 등 작은 변수 하나가 수익률에 큰 영향을 줍니다. 따라서 경험자들의 노하우를 참고해 리스크를 최소화하고 안정적인 현금 흐름을 만드는 전략이 필수적입니다.

01

투자 물건 탐색 및
분석 노하우

우선 저는 네이버 부동산 앱에서 가까운 지역을 기준으로 소형 아파트를 검색하는 것부터 시작했습니다. 매매 가격을 체크하며 최저가에서 최고가까지 편차를 확인하고, 전세가와 매매가 차이를 따져보며 갭 투자가 가능한 물건인지도 눈여겨봤습니다. 갭 차이가 크지 않으면 소액으로 접근하기에 유리하니까요. 최근 거래량과 월세 흐름도 꼼꼼히 살피며 별도로 노트에 정리해두었습니다.

이렇게 온라인으로 1차적인 정보를 파악한 뒤, 제가 아는 지역부터 시작해서 점차 범위를 넓혀가며 체크한 내용을 가지고 아파트 현장을 직접 방문했습니다. 현장에서는 단순히 집 내부만 보는 것이 아니라, 주차 문제점은 없는지, 청소 관리 상태는 어떤지, 주변 소음 수준이나 관리실 유지 상태는 어떤지, 그리고 입주민들의 연령층은 대략 어떤지 등을 직접 파악했습니다. 파악한 내용들을 바탕으로 저만의 기준으로 점수를 매기고 자료로 기록해두었습니다. 이렇게 정리된 자료는 나중에 비

숫한 단지의 매물이 나왔을 때 바로 평가할 수 있는 좋은 기준
이 됩니다.

지역을 넓혀서 점점 더 먼 지역이나 타 지역까지도 틈나는
대로 방문하여 자료를 수집해 놓으면 계속해서 감각과 실무
가 성장하며 시각이 확장됩니다.

02

계약 과정에서
주의해야 할 점들

마음에 드는 투자 물건을 찾고 매수 가격까지 합의했다면, 이제 법적인 절차인 '계약' 단계로 넘어갑니다. 이 과정에서 작은 실수가 큰 손실로 이어질 수 있기 때문에 마지막까지 꼼꼼하게 확인하고 주의해야 합니다. 저는 계약 과정에서 몇 가지 원칙을 세우고 반드시 지키려고 노력했습니다.

선정된 부동산이 있다면 부동산 중개 사무소에서 계약서 작성을 하게 됩니다. 이때 중개사님들이 자세한 설명과 잔금 날짜를 협의하게 됩니다. 이때도 등기부등본을 확인시켜줍니다. 등본상 저당이나 전세권 설정이 되어있다면 잔금 시까지 정리하는 조건이 전제됩니다.

잔금 날이 정해지면 준비 서류를 가지고 중개 사무소에서 보통 네 팀이 합류합니다. 1. 매수인, 2. 매도인, 3. 법무 대리인, 4. 중개인. 이렇게 앉아서 진행합니다. 이때는 등기부등본을 새로 발급받은 것 기준으로 변동 사항을 확인합니다. 물론 새로운 변동 사항이 있으면 안 됩니다. 준비하고 가지고 가야 할 서류는 주민등록 등본 1통, 가족관계 증명원 상세분 1통, 도장, 잔금입니다.

이때 주의할 점은 법무사 비용 중 과다 청구 부분이나 해당 사항이 없는 항목이 우연을 가장해서 끼워져 있을 수도 있다는 점입니다. 비용 지출 후 알았다면 직접 법무사에게 통화하거나 중개사님에게 대신 연락해서 해결을 부탁해도 됩니다. 처음에는 경험이 부족해서 잘 모를 수도 있지만, 경험이 늘어가면서 내공이 쌓입니다.

1. **등기부등본 꼼꼼히 확인하기**: 계약서에 도장을 찍기 전에 반드시 최신 '등기부등본'을 다시 한번 확인해야 합니다. 집주인이 맞는지, 저당권이나 전세권, 가압류 등 복잡한 권리관계는 없는지, 있다면 매수 후 문제 될 만한 부분은 없는지를 살펴봐야 합니다. 부동산 중개업소에서 발급받은 것 외에 스스로 인터넷 등기소에서 직접 발급받아 확인하는 것이 가장 안전합니다.

2. **계약서 내용 정독하기**: 매매 계약서 내용은 꼼꼼하게 처음부터 끝까지 읽어봐야 합니다. 매매 대금, 지급 방식, 날짜, 특약 사항 등이 제가 알고 있는 내용과 일치하는지 확인하고, 이해가 안 되는 부분은 부동산 사장님이나 변호사에게 질문하여 명확하게 이해해야 합니다. 급하게 도장을 찍으면 안 됩니다.

3. **특약 사항 신중하게 추가/확인**: 매도인과 협의된 내용 중 계

약서 기본 양식에 없는 내용은 '특약 사항'으로 반드시 기재해야 합니다. 예를 들어 "현재 임차인의 계약 만료 시점 확인 및 새로운 임차인 물색 협조", "잔금 지급 전까지 매도인은 어떠한 권리 설정도 하지 않는다"와 같은 내용들을 명확하게 명시해야 합니다. 반대로 매도인이 요구하는 특약 사항 중 불리한 내용은 없는지 확인해야 합니다.

4. **임차인 현황 및 보증금 확인 (세입자 있는 경우)**: 만약 현재 세입자가 살고 있는 집을 매수하는 경우, 기존 임대차 계약 내용을 정확히 파악해야 합니다. 임대 기간은 언제까지인지, 보증금과 월세는 얼마인지, 계약서 원본은 확인 가능한지 등을 꼼꼼하게 확인하고 매매 계약서의 특약 사항으로 명시해야 합니다. 나중에 보증금을 둘러싼 분쟁이 생길 수도 있기 때문입니다.

5. **잔금 지급 및 소유권 이전**: 계약서에 명시된 날짜에 맞춰 잔금을 지급하고 소유권 이전 등기 절차를 진행합니다. 보통 법무사를 통해 진행하게 되는데, 법무사에게 관련 서류를 잘 전달하고 진행 상황을 확인해야 합니다. 등기가 완료되면 최종적으로 제 이름으로 소유권이 넘어왔는지 등기부등본을 통해 다시 한번 확인해야 합니다.

계약 과정은 마치 시험을 보는 것처럼 긴장되기도 합니다. 큰 돈이 오가고 법적인 효력이 발생하는 과정이니만큼 신중함이 필수입니다. 저는 항상 '돌다리도 두드려보고 건너자'는 마음으로 임했습니다. 조금 귀찮더라도 필요한 서류는 직접 챙겨 보고, 이해가 안 되는 부분은 몇 번이고 다시 물어봤습니다. 믿을 수 있는 부동산 중개업소를 선택하는 것도 중요하지만, 스스로 기본 지식을 갖추고 확인하는 자세가 필요합니다.

스토리: 특약 사항 하나 때문에 식겁한 경험

한 번은 정말 마음에 드는 아파트를 찾아서 계약 직전까지 갔었습니다. 그런데 부동산 사장님이 급하게 잔금을 치르는 조건으로 매도인이 가격을 좀 더 깎아줄 수 있다고 하더군요. 좋은 기회다 싶어 꼼꼼히 따져보지 않고 특약 사항에 '잔금일 단축' 내용을 넣고 가계약금을 입금했습니다. 그런데 나중에 알고 보니 매도인에게 세금 문제로 복잡한 상황이 있었고, 그게 해결되지 않으면 잔금일에 문제가 생길 수도 있다는 것을 알게 되었습니다. 다행히 잘 해결되긴 했지만, 그때 식겁했던 생각에 지금도 계약서의 특약 사항 하나하나를 얼마나 신중하게 봐야 하는지 다시 한번 깨닫습니다. 작은 글귀 하나가 큰 문제를 일으킬 수도 있다는 것을 그때 배웠죠.

03

월세 세팅 및
임대 관리 전략

　투자 물건의 소유권 이전까지 마쳤다면, 이제 본격적으로 '임대 수익'을 발생시킬 차례입니다. 특히 월세 투자의 핵심은 '공실 없이 꾸준히 월세를 받는 것'이죠. 매수한 아파트에 새로운 임차인을 들이고, 별 탈 없이 임대 기간을 유지하는 것까지 저만의 노하우를 풀어놓겠습니다.

　월세 세팅은 처음 아파트를 매수할 때 세입자가 살고 있는 아파트를 전제로 하는 것이 가장 좋습니다. 공실일 경우는 매수 당시 중개사님에게 우선 세입자를 채워줄 것을 전제로 하면, 대부분 길지 않은 시간 안에 세입자가 들어옵니다. 임대 중 공실이 나오면 가급적 여러 중개사에게 내놓는 것이 유리합니다. 일반적으로 여러 곳에 내놓는 것에 미안함이나 부담을 느끼는 분들도 있지만, 반대로 생각해 보면 결코 그렇지 않으니 편하게 진행하면 됩니다.

　현장에 방문하지 않아도 여러 부동산을 알 수 있는 방법은 많습니다. 우선 지도 로드뷰로 검색해서 중개 사무소를 찾아서 간판에 있는 핸드폰 연락처를 메모하고 문자로 내용을 보냅니다. 두 번째는 네이버 부동산 앱에서 내놓을 단지를 검색하면 많은 부동산이 매물을 올려놓았습니다. 그중 마음에 드는 부동산 중개사님 핸드폰 번호를 기록해서 문자로 내용을 보냅니다. 혹시 향후 공실 기간이 길어진다 싶으면 추가로 문자를 보내 상황을 알립니다. 여기서 팁은, 우선 공실을 빨리 채우고 싶으면 수수료를 월세 한 달분 정도 제시하면 결과가 바로 나올 확률이 높다는 것입니다.

1. **적절한 월세 가격 책정**: 주변 시세를 파악하여 적절한 월세 가격을 책정하는 것이 중요합니다. 너무 높으면 임차인이 구해지지 않고 공실 기간이 길어질 수 있고, 너무 낮으면 수익률이 떨어지겠죠. 저는 네이버 부동산, 직방, 다방 등의 앱을 통해 주변의 비슷한 아파트 월세 시세를 꼼꼼히 확인하고, 제 아파트의 상태(리모델링 여부, 층수, 방향 등)를 고려하여 가격을 정했습니다.

2. **임차인 선택 및 계약**: 임차인이 나타나면 몇 가지를 고려해서 선택했습니다. 직업이나 소득 수준이 안정적인지, 이전에 월세를 밀린 경험은 없는지 등을 간략하게 파악하려고 했습니다. 너무 꼬치꼬치 캐묻기보다는 부동산 사장님을 통해 기본적인 정보를 얻거나, 짧은 대화를 통해 느껴지는 분위기를 참고했습니다. 임대차 계약서를 작성할 때는 기간, 보증금, 월세 금액, 지급일, 수리 의무 등 중요한 사항들

을 명확하게 명시하고 쌍방이 오해 없도록 확인했습니다. 확정일자를 받도록 안내하는 것도 임차인을 위한 집주인의 역할입니다.

3. **월세 관리 및 자동 이체 활용:** 매달 정해진 날짜에 월세가 잘 들어오는지 확인하는 것이 중요합니다. 저는 임차인과 협의하여 월세를 제 계좌로 자동 이체되도록 설정했습니다. 이렇게 하면 매달 신경 쓰지 않아도 자동으로 월세가 들어오므로 관리가 훨씬 편해집니다. 혹시 월세가 늦어지거나 문제가 생길 경우, 임차인과 소통하여 원만하게 해결하려고 노력했습니다.

4. **건물 및 시설 관리:** 임차인이 사는 동안 형광등이 나갔거나 수도꼭지에 문제가 생기는 등 시설 관리가 필요할 때가 있습니다. 이런 요청이 들어오면 신속하게 처리해 주는 것이 좋습니다. 임차인의 만족도가 높아야 계약 기간 동안 편안하게 지낼 수 있고, 나중에 재계약을 하거나 새로운 임차인을 구하는 데도 긍정적인 영향을 미칩니다. 기본적인 수리는 집주인이 부담하는 것이 일반적이며, 노후로 인한 대규모 수리는 협의가 필요할 수 있습니다. 저는 단골 철물점이나 인테리어 업체와 좋은 관계를 맺어두고 필요할 때 도움을 받기도 했습니다.

5. **임차인과의 소통 및 관계 유지:** 집주인과 임차인은 갑을 관계가 아니라 서로의 편의를 위해 함께하는 관계입니다. 임차인과 불필요한 마찰을 줄이고 원만하게 지내는 것이 중요

합니다. 정기적으로 연락할 필요는 없지만, 임차인이 불편한 점을 이야기했을 때 귀 기울여 듣고 해결해주려는 태도를 보이면 좋습니다. 좋은 임차인을 만나는 것이 임대 관리의 절반이라고 해도 과언이 아닙니다.

스토리: '자동 이체'의 힘을 경험하다

처음 월세 계약을 몇 건 하고 나서는 매달 각기 다른 날짜에 임차인들이 월세를 제대로 보냈는지 일일이 확인하는 게 보통 일이 아니었습니다. 깜빡 잊고 있다가 나중에 확인하면 늦게 들어온 경우도 있고 해서 신경 쓸 일이 많았죠. 그러다가 한 임차인과 계약할 때 '매달 ○일에 자동 이체 해주시면 좋겠습니다'라고 요청했더니 흔쾌히 동의하더군요. 그때부터 모든 임차인들에게 자동 이체를 권했고, 대부분 그렇게 해주었습니다. 자동 이체가 정착된 후에는 매달 월세 들어오는 것을 일일이 확인하는 수고를 덜고 훨씬 마음 편하게 임대 관리를 할 수 있게 되었습니다. 작은 습관 하나가 큰 편리함을 가져다준 경험이었습니다.

04

예상치 못한
문제 발생 시 대처법

부동산 투자 과정이 항상 순탄하지만은 않습니다. 때로는 예상치 못한 문제나 위기 상황이 발생하기도 하죠. 특히 여러 채의 아파트를 관리하다 보면 더 다양한 문제에 맞닥뜨릴 수 있습니다. 중요한 것은 문제가 생겼을 때 당황하지 않고 침착하게 해결 방법을 찾는 것입니다. 저는 투자를 하면서 몇 번의 예상치 못한 문제들을 겪었고, 그때마다 나름의 대처 방법을 익혔습니다.

세입자가 거주하다 보면 갑자기 하자나 급히 퇴거 문제를 이야기하기도 합니다. 이럴 땐 조급해하지 말고 상황을 체크해서 해결책을 준다 하고 여유를 가지고 차분하게 생각을 정리한 후 합리적인 처리를 합니다. 예를 들어 세입자가 갑자기 퇴거를 한다면, 잔존 기간이 남은 경우 부동산 중개소에 직접 내놓고 세입자 대체를 하게끔 권하면 됩니다. 여기서 감정에 치우쳐 허락해주면 나중에 후회하기도 합니다. 하자 수리 건을 요청했을 때는, 경험이 없다면 먼저 관리실에 상의하고 여의치 않으면 믿을 만한 업체나 사람을 소개받아서 처리하면 됩니다. 소개받은 곳이 믿을 만하면 잘 등록해 놨다가 다른 분야에 수리나 시공이 필요하면 그곳을 통해서 소개를 받으면 네트워크가 형성되어 연결선이 계속 생겨납니다. 이것이 큰 노하우가 되는 것이죠.

1. **임차인 관련 문제:** 월세 연체, 무단 퇴거, 시설 파손 등 임대 관리를 하면서 가장 흔하게 발생하는 문제 중 하나가 임차인 관련 문제입니다.

   - **월세 연체:** 임차인이 월세를 제때 내지 않으면 처음에는 정중하게 연락하여 이유를 묻고 납부를 요청합니다. 일시적인 사정이라면 기다려줄 수도 있지만, 반복되거나 연락이 두절된다면 내용증명 발송 등 법적인 절차를 고려해야 합니다. 물론 소송까지 가는 일은 드물지만, 최악의 상황에 대비는 해두어야 합니다.

   - **무단 퇴거:** 임차인이 계약 기간이 끝나기 전에 연락 없이 갑자기 이사를 가는 경우도 있습니다. 이때는 남은 계약 기간의 월세나 원상 복구 비용 등을 청구할 수 있습니다. 계약 시 임차인의 비상 연락망이나 직장 정보 등을 미리 파악해두면 도움이 될 수 있습니다.

   - **시설 파손:** 임차인이 살면서 집 내부 시설을 파손하는 경우, 원상 복구 비용을 임차인에게 청구할 수 있습니다. 계약 만료 시 보증금에서 해당 비용을 제하고 돌려주는 방

식으로 처리하는 것이 일반적입니다. 다만, 일상적인 사용으로 인한 마모는 집주인이 부담해야 할 부분입니다.

스토리: 보증금으로 해결한 시설 파손

한번은 임차인이 이사를 나간 후에 보니 벽지가 심하게 훼손되어 있고 문짝 일부가 파손된 것을 발견했습니다. 임차인에게 연락해서 상황을 설명하고 원상 복구를 요청했는데, 처음에는 자기 잘못이 아니라고 발뺌하더군요. 임대차 계약서에 명시된 내용을 토대로 책임 소재를 명확히 하고, 필요한 수리 견적을 받은 뒤 보증금에서 해당 비용을 제하고 돌려주었습니다. 감정적으로 대응하기보다 계약서 내용을 바탕으로 원칙대로 처리하는 것이 중요하다는 것을 알았습니다.

2. **건물 자체의 문제**: 누수, 결로, 보일러 고장 등 아파트 자체의 문제로 임차인이 불편을 겪거나 추가 비용이 발생하는 경우도 있습니다.

   - **누수 또는 결로**: 특히 오래된 아파트에서 자주 발생하는 문제인데, 윗집이나 외부 균열로 인한 누수는 비교적 해결이 간단하지만, 건물 자체 문제로 인한 결로나 곰팡이는 원인 파악과 해결이 쉽지 않을 수 있습니다. 이런 문제는 임차인의 생활에 큰 불편을 주기 때문에 신속하게 전문가를 불러 정확한 원인을 파악하고 수리해야 합니다.

수리 비용은 원인에 따라 집주인이나 관리단이 부담하게 됩니다.

- **보일러, 에어컨 등 고장:** 임차인의 부주의가 아닌 노후로 인한 고장은 집주인이 수리해주는 것이 일반적입니다. 겨울철 보일러 고장은 임차인에게 치명적이므로 빠르게 처리해줘야 합니다. 저는 각 지역에 믿을 만한 수리업체 연락처를 확보해두고 문제가 생기면 바로 연락하여 해결했습니다.

스토리: 한겨울 보일러 고장 소동

가장 기억에 남는 문제 중 하나는 한겨울에 임차인에게서 걸려온 보일러 고장 전화였습니다. 영하 10도가 넘는 추운 날씨에 난방이 안 된다니, 임차인이 얼마나 불편할까 걱정부터 앞섰죠. 바로 지역의 보일러 수리 기사님께 연락해서 긴급 출동을 부탁드렸습니다. 다행히 금방 오셔서 수리를 해주셨는데, 임차인이 너무 고마워하며 연신 감사 인사를 하더군요. 그때 느꼈습니다. 임대인이 임차인의 불편을 신속하게 해결해주려고 노력하는 모습이 임차인과의 신뢰를 쌓고 임대 관계를 원만하게 유지하는 데 얼마나 중요한지를요. 단순한 수리였지만, 저에게는 '성실한 임대인'의 자세에 대해 다시 한번 생각하게 하는 경험이었습니다.

---

3. **법적/행정적 문제:** 세금 누락, 등기 오류, 법규 위반 등은 가장 심각한 문제로 이어질 수 있는 부분입니다.

- **세금 누락 또는 신고 오류:** 앞서 강조했듯이 세금 문제는 전문가의 도움을 받는 것이 최선입니다. 혹시라도 누락된 세금이 있거나 잘못 신고한 부분이 있다면 가산세 등 불이익을 받을 수 있으므로 최대한 빨리 수정 신고하거나 전문가와 상담하여 해결해야 합니다.
- **등기부등본 오류:** 간혹 등기부등본 상에 오류가 있거나, 매수 과정에서 법적인 문제가 발생할 수도 있습니다. 이런 문제는 법률 전문가(변호사, 법무사)의 도움을 받아 해결해야 합니다.

4. **예측 불가능한 상황:** 자연재해, 급격한 시세 변동 등 이런 문제는 개인의 힘으로 막기 어렵지만, 어느 정도 대비는 할 수 있습니다. 화재보험이나 건물주 배상 책임 보험 등에 가입하여 만일의 사태에 대비하고, 부동산 시장 변화를 꾸준히 주시하며 급격한 변동에 유연하게 대처할 준비를 해야 합니다.

어떤 문제가 발생하든, 가장 중요한 것은 침착하게 상황을 파악하고, 원인을 규명하며, 전문가의 도움을 받아 해결책을 찾는 것입니다. 감정적으로 대응하거나 문제를 회피하려고 하면 상황이 더 악화될 수 있습니다. 그리고 문제 발생 과정을 기록해두는 것도 나중에 비슷한 문제가 발생했을 때나 법적 분쟁 시 도움이 될 수 있습니다.

05

투자 포트폴리오
관리 및 확장 전략

한 채, 두 채 아파트가 늘어나면서 저는 자연스럽게 전체 '포트폴리오'를 관리하고 앞으로 어떻게 더 확장해나갈지에 대한 전략을 고민하게 되었습니다. 30채라는 숫자에 도달하기까지, 단순히 물건만 늘린 것이 아니라 전체적인 그림을 그리며 관리하고 계획적으로 움직였습니다.

본격적으로 투자가 시작되면 현재 투자한 아파트를 기준으로 같은 단지에 기준을 두고 첫 번째보다 더 좋은 조건을 노립니다. 동향, 층수, 내부 조건, 가격, 세입자 입주 상태 등을 저만의 조건에 설정하고, 조건 충족이 된다면 바로 구입합니다. 몇 채가 되면 일괄 관리가 여유로워지고 심리적인 안정감도 생깁니다. 후차적으로는 또 다른 지역을 탐색하며 투자 대비 수익률을 꾸준히 분석하고 미래 가치도 파악해봅니다.

저의 경우는 처음에 논산에 6채를 월세 운영하고, 다음 지역 군산에 9채, 그다음 광양시에 7채를 투자하는 식으로 지역 안배를 했습니다. 혹시 모를 특정 지역 리스크에 대한 대비책

을 가지고 임대하고 있어서 폭넓은 지역 감각이 살아있다고
봅니다.

투자자 입장에서 먼 지역에 보유하고 있는 아파트에 대해
서 혹시 우려가 있을 수도 있으니 부연 설명을 드리면, 아파트
를 살 때도 거의 잔금 시점에 한 번만 가는 정도입니다. 처음
매수할 때 중개인 통해서 가격 조율 후 성사되면 내부 사진 여
러 장 전송받고 체크한 후 중대 하자 부분에 대해서는 책임 처
리 단서 추가해서 문자로 계약서 작성하고 계약금 이체합니
다. 잔금 시에 본 계약서를 넘겨 받으면 됩니다. 그리고 세입
자 살고 있는 상태에서 세입자 거주 기간에 따라 다르지만, 세
입자 입주 시 점검 후 입주하기 때문에 별반 하자는 (경험상)
없기에 이런 방법을 이용합니다.

1. **포트폴리오 현황 파악:** 제가 가진 아파트 각각의 현황을 정
   확히 파악하는 것이 관리의 기본입니다.
   - **물건 정보:** 각 아파트의 주소, 면적, 매수 가격, 매수 시점,
     대출 금액, 임차인 정보(계약 기간, 보증금, 월세) 등을 표
     나 파일로 정리했습니다.
   - **수익률 분석:** 각 아파트별로 월세 수익률은 얼마나 되는
     지, 예상 시세 변동은 어떤지 등을 주기적으로 분석하여
     수익성이 떨어지는 물건은 없는지 점검했습니다.
   - **세금 현황:** 각 물건에 대한 재산세, 종합부동산세 등을 파
     악하고 전체적인 세금 부담이 어떻게 되는지 계산했습

니다.

2. **위험 분산 전략:** 30채의 아파트를 한 지역에만 몰아 투자했다면 특정 지역의 경기 침체나 악재가 발생했을 때 큰 위험에 노출될 수 있습니다. 저는 그래서 여러 지역에 분산하여 투자했습니다. 서울, 수도권보다는 지방 소도시에 집중했지만, 특정 시나 도에 편중되지 않고 임대 수요나 개발 호재가 다른 여러 지역에 나누어 투자하여 위험을 분산했습니다. 또한, 모든 아파트를 월세로만 놓기보다 일부는 전세로 운영하여 보증금을 확보하는 등 임대 방식에서도 약간의 변화를 주기도 했습니다.

3. **추가 투자 계획:** 포트폴리오를 관리하면서 동시에 앞으로 어떤 물건에 추가 투자할지 계속 계획했습니다. '저수지 자금'과 월세 수익이 쌓이면 새로운 투자 기회를 물색했습니다.

   - **기존 지역 확장:** 이미 투자하여 익숙한 지역 내에서 좋은 물건이 나오면 추가로 매수하는 것을 고려했습니다.

   - **새로운 지역 탐색:** 기존 투자 지역 외에 앞으로 발전 가능성이 있거나 저평가된 새로운 지역을 꾸준히 탐색했습니다.

   - **투자 대상 다양화(선택 사항):** 소형 아파트에 집중했지만, 여유 자금이 더 생기거나 시장 상황이 변하면 상가, 토지 등 다른 종류의 부동산으로 투자 대상을 넓히는 것도 장기적으로 고려할 수 있습니다. (저는 현재까지는 소형 아파트에 집중하고 있습니다.)

4. **엑시트(Exit) 전략 고민:** 무한정 아파트를 늘릴 수만은 없습니다. 언젠가는 투자금을 회수하거나 수익을 실현해야 할 시점이 올 수 있죠. 각 물건별로 어느 시점에 매도하는 것이 가장 유리할지 미리미리 고민해두는 것이 좋습니다. 양도소득세 등 세금 문제를 고려하여 매도 시점을 결정하고, 시장 상황을 주시하며 적절한 매수자가 나타났을 때 신속하게 움직일 준비를 해야 합니다. 물론 저는 아직 '은퇴 시점까지 더 많은 아파트 확보'가 목표이기에 매도보다는 보유에 집중하고 있습니다.

포트폴리오 관리는 단순히 아파트 목록을 정리하는 것을 넘어, 제가 가진 자산 전체를 큰 그림으로 보고 효율적으로 운영하며 위험을 관리하는 과정입니다. 이 과정을 통해 저는 제가 걸어온 투자 길이 올바른 방향인지 점검하고, 앞으로 나아갈 길을 계획할 수 있었습니다. 마치 사업을 할 때 전체 재고와 매출, 비용을 관리하는 것과 비슷합니다.

스토리: 나만의 투자 관리 엑셀 파일

처음 한두 채 투자할 때는 머릿속으로 대충 관리했습니다. 하지만 아파트 숫자가 10채, 20채 넘어가니 도저히 머리로 감당이 안 되더군요. 그래서 가장 간단한 엑셀 파일을 만들어서 제가 가진 모든 아파트의 정보를 기록하기 시작했습니다. 매수 금액, 대출 잔액, 임대차 계약 만료일, 월세 입금일 등을 꼼꼼히 적고 매달 업데이트했습니다. 처음에는 좀 귀찮았지만, 이 파일 덕분에 제가 가진 자산 현황을 한눈에 파악하고, 어떤 아파트의 계약이 언제 끝나는지, 대출 만기는 언제인지 등을 미리미리 확인하여 계획적으로 움직일 수 있었습니다. 저만의 '투자 대시보드'가 생긴 셈이었죠.

성공적인 투자를 위한 마인드셋

부동산 투자는 단순히 돈과 정보만으로는 성공하기 어렵습니다. 제가 40년간 자영업을 해오면서, 그리고 9년간 부동산 투자에 몰입하면서 가장 중요하다고 느낀 것은 바로 '마인드셋', 즉 마음가짐입니다. 올바른 마인드셋은 어려운 순간에도 포기하지 않고 꾸준히 나아갈 수 있는 단단한 뿌리가 되어줍니다.

01

꾸준한 자기 개발과 정보 습득의 중요성

부동산 시장은 살아있는 생물과 같습니다. 끊임없이 변화하고 새로운 정보가 쏟아져 나오죠. 제가 9년간 투자를 이어오면서 느낀 것은, '한 번 배운 것으로는 부족하다'는 사실입니다. 변화하는 시장에 발맞추어 저 또한 꾸준히 배우고 새로운 정보를 습득해야만 성공적인 투자를 지속할 수 있었습니다.

저는 평소에 주변에 부동산에 대해서 잘 알고 있는 사람을 의도적으로 가까이하려 했습니다. 공통의 관심사에 대해 질문하고 대화하면서 지식 영역을 넓혀갔습니다. 또한, 부동산에 관한 책을 꾸준히 찾아 읽고, 생활 전반에 걸쳐 부동산과 자산 증식에 대한 관념을 늘 생각하면서 부자의 꿈을 키워나갔습니다.

한편으로는 틈나는 대로 스마트폰의 네이버 부동산 앱을 열어서 관심 지역 단지 아파트 매물에 대해서 외울 정도로 끊임없이 체크했습니다. 이렇게 하면 뇌 속에 감각이 확장되어 원래부터 잘 알고 있는 느낌이 듭니다. 그러면서 범위를 넓혀가며 찾아보면 점점 더 선명해집니다. 어느 순간에 확실하게 급매로 싸게 나온 매물을 찾을 수 있을 겁니다.

1. **독서와 강의:** 저는 부동산 투자 관련 책이나 경제 서적을 꾸준히 읽었습니다. 유명한 투자자들의 책부터 실전 투자자들의 경험담까지 다양한 책을 통해 지식을 쌓았습니다. 또한, 부동산 관련 강의나 세미나에 참석하여 전문가들의 최신 정보를 듣고 궁금한 것을 직접 질문하며 배웠습니다.

2. **뉴스 및 시장 동향 파악:** 매일 아침 신문 경제면이나 부동산 관련 뉴스를 챙겨봤습니다. 금리 변동, 정부 정책 발표, 지역별 시장 동향 등을 파악하며 거시적인 흐름을 이해하려고 노력했습니다. 이런 정보들이 앞으로 시장이 어떻게 움직일지 예측하고 투자 전략을 수정하는 데 도움이 됩니다.

3. **온라인 커뮤니티 및 전문가 활용:** 온라인 부동산 커뮤니티에서 다른 투자자들의 의견을 듣거나 질문을 올리며 정보를 공유했습니다. 또한, 앞서 말했듯이 세무사, 법무사, 부동산 중개업소 사장님 등 각 분야의 전문가들과 좋은 관계를 맺고 필요할 때마다 자문을 구했습니다. 전문가의 조언에는 혼자서는 알기 어려운 깊이 있는 정보와 통찰력이 담겨 있습니다.

4. **현장 답사의 중요성:** 아무리 온라인 정보가 많아도 현장 답사만큼 중요한 것은 없습니다. 직접 눈으로 보고 발로 뛰며 느껴야만 그 지역의 진짜 분위기와 잠재력을 파악할 수 있습니다. 저는 관심 있는 지역이 생기면 주말이나 시간을

내서라도 직접 방문하여 임장(현장 답사) 활동을 게을리하지 않았습니다.

5. **자신만의 기록 남기기**: 관심 있게 본 지역이나 물건, 들었던 정보나 느꼈던 점 등을 꾸준히 기록했습니다. 에버노트에 원고를 작성하는 것처럼 말이죠! 이렇게 기록을 남겨두면 나중에 다시 찾아보면서 정보를 정리하고 분석하는 데 큰 도움이 됩니다. 어떤 지역을 언제 봤고 그때 분위기는 어땠는지, 어떤 물건이 기억에 남는지 등을 기록하면 좋습니다.

꾸준히 배우고 새로운 정보를 받아들이는 것은 우물 안에 갇히지 않고 더 넓은 시야를 가질 수 있도록 해주었습니다. 세상은 빠르게 변하고, 특히 부동산 시장은 정책이나 경제 상황에 민감하게 반응합니다. 변화에 뒤처지지 않고 한발 앞서 나가기 위해서는 배움을 멈추지 않아야 합니다. 이것이야말로 소액 투자자가 큰 자산가가 되기 위해 반드시 갖춰야 할 습관이라고 생각합니다.

스토리: 세무사님과의 점심 식사

저는 저를 도와주시는 세무사님과 정기적으로 점심 식사를 함께 하려고 노력했습니다. 딱딱한 상담실이 아니라 편안한 식사 자리에서 세금 이야기뿐만 아니라 요즘 부동산 시장 분위기나 정부 정책의 숨은 의도 같은 것들에 대해 더 솔직하고 깊이 있는 이야기를 나눌 수 있었습니다. 책이나 뉴스에서는 얻기 어려운 현장의 정보나 전문가의 통찰력을 얻는 데 이런 비공식적인 만남이 큰 도움이 되었습니다. 사람과의 관계 속에서 얻는 정보와 지혜가 얼마나 중요한지 새삼 느꼈습니다.

02

실패를
두려워하지 않는 용기

제가 30채의 아파트를 모으기까지 모든 투자가 완벽하게 성공했던 것은 아닙니다. 예상보다 임차인이 늦게 구해져 공실 기간이 길었던 적도 있고, 생각했던 것만큼 시세가 오르지 않아 아쉬웠던 물건도 있었습니다. 작은 실수로 인해 시간과 돈을 낭비한 경험도 있습니다. 하지만 저는 그런 '실패'나 '실수'를 두려워하지 않으려고 노력했고, 그것을 통해 배우고 다시 일어설 수 있는 용기가 있었습니다.

아파트 투자 물건은 자본이 어느 정도 있어야 하기에 실패에 대한 두려움이 앞서기도 합니다. 하지만 두려움이 앞서면 발전과 도약은 당연히 없겠지요. 그래서 실패를 최소화하거나 안 하려면 철저한 준비가 필요합니다.

독자 여러분, 그러나 걱정하지 않으셔도 됩니다. 여러분보다 앞서서 투자한 저자의 길로 인도해드립니다. 여러분은 굳이 먼 길로 돌아갈 필요가 없다고 생각합니다. '용기 있는 자가 미인을 얻는다'는 말이 있듯이, 독자 여러분은 '실행하는 자가 결과를 얻는다'와 같은 의미라고 생각합니다.

1. **실패는 성장의 발판:** 실패는 끝이 아니라 과정입니다. 넘어
   졌다고 주저앉아 있으면 아무것도 할 수 없죠. 왜 실패했는
   지 원인을 분석하고, 다음에는 같은 실수를 반복하지 않기
   위해 무엇을 개선해야 할지 배우는 기회로 삼아야 합니다.
   투자를 시작하기도 전에 실패할까 봐 지레 겁먹는 것만큼
   어리석은 일은 없습니다. 실패를 통해 얻는 경험과 교훈은
   어떤 책에서도 얻을 수 없는 소중한 자산이 됩니다.

2. **과감하게 포기하는 용기:** 때로는 계획대로 되지 않거나, 예
   상보다 상황이 안 좋아질 때가 있습니다. 그때 미련하게 붙
   잡고 있기보다는 손절매를 하거나 계획을 수정하는 과감
   한 결정도 필요할 수 있습니다. 물론 쉬운 일은 아니지만,
   더 큰 손실을 막기 위해서는 때로는 포기하는 용기도 필요
   합니다. 저는 아니다 싶을 때는 과감하게 정리하고 다음 기
   회를 노렸습니다.

3. **자기 자신에 대한 믿음:** 투자를 하다 보면 주변에서 이런저
   런 이야기들이 들려옵니다. '그렇게 투자해서 뭐가 남겠냐',
   '나이 들어서 괜히 위험한 일을 한다' 등등… 그런 부정적
   인 시선이나 우려에 흔들리지 않고 자기 자신과 자신의 계
   획에 대한 믿음을 갖는 것이 중요합니다. 물론 객관적인 조
   언은 새겨들어야 하지만, 근거 없는 비난이나 부정적인 예
   측에 일희일비하지 않고 묵묵히 자신의 길을 가는 단단함

이 필요합니다.

4. **감정 조절:** 부동산 시장은 변동성이 있습니다. 가격이 오르면 기분이 좋고, 떨어지면 불안해지기 마련이죠. 하지만 감정에 휘둘려 충동적인 결정을 내리는 것은 금물입니다. 시장 상황이나 개별 물건의 가치를 냉정하게 판단하고, 미리 세워둔 원칙에 따라 움직여야 합니다. 저는 감정이 앞설 때는 잠시 투자를 멈추고 한 발짝 떨어져서 상황을 객관적으로 보려고 노력했습니다.

실패는 두려워할 대상이 아니라, 배우고 성장할 수 있는 기회입니다. 실패를 통해 더 단단해지고 현명해질 수 있습니다. '성공하는 사람들은 실패하지 않는 사람이 아니라, 실패에서 배우고 다시 일어나는 사람이다'라는 말을 저는 투자 경험을 통해 몸소 느꼈습니다. 용기를 내어 시작하고, 실패하더라도 좌절하지 않고 다시 일어설 수 있다면, 어떤 어려움도 극복하고 원하는 목표에 도달할 수 있을 것입니다.

스토리: 첫 손실 경험, 쓰디쓴 교훈

투자를 시작하고 몇 년 후, 예상과 달리 시세가 오르지 않고 월세 수익률도 기대에 미치지 못하는 아파트가 있었습니다. 처음에는 '언젠가 오르겠지' 하며 기다렸지만, 주변 상황도 좋지 않고 계속 현금 흐름만 나빠지는 것 같았습니다. 큰 고민 끝에 결국 매수했던 가격보다 조금 낮은 가격에 손해를 보고 팔았습니다. 그때 얼마나 마음이 아팠는지 모릅니다. 하지만 그 경험을 통해 '묻지마 투자'가 얼마나 위험한지, 그리고 손절매의 필요성을 배웠습니다. 쓰디쓴 교훈이었지만, 그 경험 덕분에 이후의 투자에서는 훨씬 신중하게 판단하고 위험 관리에 더 신경 쓸 수 있었습니다.

03

장기적인 관점에서 투자하기

저는 9년이라는 시간 동안 30채의 아파트를 모았습니다. 짧다면 짧고 길다면 긴 시간이지만, 이 과정에서 제가 놓치지 않으려고 했던 것은 바로 '장기적인 관점'입니다. 부동산 투자는 단거리 경주가 아니라 마라톤과 같습니다. 눈앞의 작은 이익이나 손실에 연연하기보다, 멀리 보고 꾸준히 나아가는 것이 중요합니다.

일단 투자하기 시작하면 월세 소득이 창출되니, 들어오는 월세를 계속 적금을 들어서 '예금 풍차 돌리기'를 시작했습니다. 액수의 크기보다는 적금 구좌를 늘려가며 주택 수만큼 적금을 붓고 타는 것을 반복했습니다. 그렇게 늘어나는 금액은 종잣돈과 합쳐서 주택 수를 늘리는 데 사용했습니다. 늘어나는 주택 수가 점점 속도가 빨라지고, 중간에 보유한 주택 가격이 오르기도 합니다. 그러나 특별한 경우를 제외하고는 길게 가져가야 할 것입니다. 이유는 계속 수익과 자산 증식이 병행하기 때문입니다.

1. **시간의 힘 믿기**: 부동산은 시간에 비례하여 가치가 상승하는 경향이 있습니다(물론 예외도 있지만). 단기적인 시장 변동에 흔들리지 않고 좋은 위치의 물건을 장기 보유하면 인플레이션 헤지 효과와 함께 자연스러운 자산 가치 상승을 기대할 수 있습니다. 저는 단기간에 몇 배의 수익을 올리겠다는 생각보다는 '10년, 20년 후'를 내다보고 투자했습니다.

2. **복리 효과 활용**: 월세 수익을 꾸준히 재투자하는 것은 마치 복리 효과와 같습니다. 매달 들어오는 월세를 단순히 소비하는 것이 아니라, 그 돈을 모아 또 다른 투자 물건을 매수하거나 기존 대출을 상환하는 데 사용하면 자산이 늘어나는 속도가 훨씬 빨라집니다. '저수지 효과'와 월세 수익을 재투자한 것이 저의 자산을 불려나가는 핵심 동력이었습니다.

3. **시장 사이클 이해**: 부동산 시장에는 상승기와 하락기라는 사이클이 있습니다. 항상 오르기만 하거나 내리기만 하는 시장은 없습니다. 시장의 큰 흐름을 이해하고, 현재 시장이 어느 국면에 있는지 파악하는 것이 중요합니다. 하락기에는 매수 기회를 엿보고, 상승기에는 수익을 실현할지 아니면 더 가져갈지 고민하는 등 시장 사이클에 맞춰 유연하게 대응할 필요가 있습니다. 하지만 초보 투자자라면 시장 예측보다는 좋은 물건을 장기 보유하는 전략이 더 안전할 수 있습니다.

4. **목표 수정 및 보완**: 장기적인 관점에서 투자하더라도, 처음

세웠던 목표나 계획이 현실과 맞지 않을 수 있습니다. 시장 상황이 변하거나 개인적인 상황에 변화가 생기면 목표를 수정하거나 보완하는 유연함이 필요합니다. 저는 처음에는 막연히 '경제적 자유'를 꿈꿨지만, 투자를 하면서 '은퇴 시점까지 XX채 확보'와 같이 좀 더 구체적인 목표로 다듬어 나갔습니다.

5. **건강 관리의 중요성**: 장기적인 투자 여정을 성공적으로 완주하기 위해서는 무엇보다 '건강'이 중요합니다. 꾸준히 공부하고 현장을 다니며 임대 관리를 하는 것도 체력이 뒷받침되어야 가능합니다. 저는 투자가 바쁘더라도 규칙적인 생활을 하고 운동을 하며 건강 관리에 신경 썼습니다. 건강해야 자산도 지키고 누릴 수 있다는 것을 잊지 않았습니다.

장기적인 관점은 눈앞의 작은 흔들림에 일희일비하지 않고 묵묵히 자신의 길을 갈 수 있는 힘을 줍니다. 부동산 투자는 인내심이 필요한 과정이며, 시간을 투자한 만큼 결실을 얻을 확률이 높아집니다. 조급해하지 않고 멀리 보며 꾸준히 나아가는 것이 성공적인 투자의 핵심입니다.

스토리: '느리지만 꾸준하게' 제가 걸어온 길

저는 단기간에 큰 부자가 되겠다는 생각은 해본 적이 없습니다. 그저 하루하루 주방용품 가게를 성실히 운영하고, 수입의 일부를 꾸준히 모으고, 그 돈으로 소형 아파트를 한 채 두 채 늘려갔습니다. 남들이 '언제 돈 버냐'고 할 때도 저는 개의치 않았습니다. 제 속도대로, 제가 정한 원칙대로 묵묵히 걸어갔죠. 그렇게 9년이라는 시간이 흐르고 뒤돌아보니 어느새 30채라는 숫자에 도달해 있었습니다. 느리지만 꾸준하게 걸어온 길이 결국 저를 원하는 곳으로 데려다주었다는 것을 그때 깨달았습니다.

04

전문가 활용 및
네트워크 구축

혼자서 모든 것을 다 할 수는 없습니다. 특히 부동산 투자는 세금, 법률, 대출, 임대 관리 등 다양한 분야의 전문 지식이 필요합니다. 제가 9년간 투자를 해오면서 가장 큰 도움을 받았던 부분 중 하나가 바로 '전문가 활용'과 '네트워크 구축'입니다. 믿을 수 있는 전문가들은 제가 시행착오를 줄이고 더 현명한 결정을 내릴 수 있도록 도와주었습니다.

주택 구입 특성상 부동산 중개 사무소에 종종 방문하게 됩니다. 사무소 소장님들의 스타일이 모두 다르니 많은 분들을 접하면서 각각의 일 처리 능력을 보게 됩니다. 그렇게 경험이 쌓이고 유대가 생기면 차후에 능력이 되는 중개사님을 통해서 월세 계약을 의뢰하고, 급매물도 소개받기도 합니다. 그뿐 아니라 월세 주택의 문제도 도움을 받죠. 가령 세입자가 퇴실을 하게 되면 집주인이 방문해서 퇴실 점검을 하게 되는데, 부득이한 사정으로 방문이 어려우면 대신 방문해서 체크해주기도 하고, 내부 수리 업체도 소개받고 청소 업체 등 가능한 부분

모두를 해결할 수 있습니다.

1. **세무사:** 부동산 투자자에게 가장 필수적인 전문가 중 한 명입니다. 취득세, 보유세(재산세, 종부세), 양도소득세, 임대소득에 대한 종합소득세까지… 부동산 관련 세금은 너무나 복잡하고 자주 변합니다. 믿을 수 있는 세무사와 상담하여 세금 문제를 미리미리 점검하고 합법적인 절세 방안을 찾는 것이 중요합니다. 저는 정기적으로 세무사님과 만나 제 포트폴리오에 대한 세금 상담을 받았습니다.

2. **법무사/변호사:** 부동산 거래 시 법적인 문제나 등기 관련 업무에 대한 도움을 받을 수 있습니다. 특히 경매나 공매 물건에 투자하거나 임차인과의 법적 분쟁이 발생했을 때 전문가의 도움이 반드시 필요합니다. 계약서 검토나 권리 분석 등에 대한 자문을 구할 수도 있습니다.

3. **부동산 중개업소 사장님:** 현장의 생생한 정보와 매물 정보를 얻는 데 가장 중요한 파트너입니다. 투자 지역의 부동산 사장님들과 좋은 관계를 맺고, 제가 찾는 조건의 물건이 나오면 우선적으로 연락을 받을 수 있도록 신뢰를 쌓았습니다. 여러 곳의 부동산을 다니며 정보를 비교하고, 경험이 풍부하고 정직한 사장님을 찾는 것이 중요합니다.

4. **인테리어/수리업체:** 매수한 아파트의 수리가 필요하거나 임차인의 시설 관리 요청이 있을 때 믿고 맡길 수 있는 업체가 필요합니다. 각 지역마다 단골 수리업체를 알아두면 신

속하게 문제를 해결하고 비용도 절감할 수 있습니다.

5. **투자 관련 커뮤니티 및 모임:** 다른 투자자들과 정보를 공유하고 경험을 나눌 수 있는 커뮤니티나 스터디 모임에 참여하는 것도 좋습니다. 서로에게 동기 부여가 되고, 혼자서는 알기 어려운 유용한 정보나 노하우를 얻을 수 있습니다. (저는 온라인보다는 주로 현지 부동산 사장님들과의 네트워킹에 집중했습니다.)

이런 전문가들과의 네트워크는 제가 투자의 길을 외롭지 않게 갈 수 있도록 도와주었고, 예상치 못한 문제에 부딪혔을 때 해결의 실마리를 찾게 해주었습니다. 중요한 것은 단순히 정보만 얻으려고 하기보다, 신뢰를 바탕으로 좋은 관계를 구축하는 것입니다. 저의 경험과 성실함을 보여주면 전문가들도 기꺼이 도움을 주려고 할 것입니다.

스토리: 세무사님 덕분에 절세한 이야기

한번은 제가 보유한 아파트 중 한 채를 팔려고 계획하고 있었습니다. 매수 시점과 보유 기간, 그리고 매도 시 예상 시세를 세무사님께 말씀드렸더니, 세무사님께서 여러 가지 세금 계산을 해보시고는 지금 파는 것보다 몇 달 더 보유했다가 파는 것이 양도소득세 면에서 훨씬 유리하다는 것을 알려주셨습니다. 세법 규정 때문에 발생하는 차이였는데, 저 혼자서는 절대 알 수 없는 부분이었습니다. 세무사님의 조언 덕분에 수백만 원의 세금을 절감할 수 있었습니다. 전문가의 도움이 얼마나 중요한지 다시 한번 실감한 경험이었습니다.

나의 소액 부동산 투자 성공 스토리

이 챕터에서는 제가 어떻게 100만 원 남짓한 소액으로 투자를 시작해서 30채의 아파트 임대인이 되었고, 그것이 제 삶에 어떤 변화를 가져다주었는지 구체적인 경험담들을 풀어놓으려 합니다. 앞서 이야기한 투자 방법론들이 제 삶에서는 어떻게 적용되었는지, 그 생생한 여정을 따라가 보시죠.

01

100만 원으로
시작한 투자

　많은 분들이 제게 묻습니다. "아니, 어떻게 100만 원으로 아파트를 살 수 있어요?" 처음 제 이야기를 듣는 사람들은 대부분 믿기 어렵다는 반응을 보이죠. 하지만 저는 실제로 '100만 원을 투자해서 산 아파트'가 있습니다. 그리고 그 아파트, 지금도 보유하고 있고요.

　약 3년 전의 일입니다. 저는 시세 대비 저렴하게 나온 아파트를 찾고 있었습니다. 그때 발견한 물건이 바로 5,500만 원짜리 아파트였습니다. 물론 제가 현금 5,500만 원을 다 가지고 있었던 것은 아니죠. 이 아파트에는 이미 세입자가 전세로 거주하고 있었는데, 보증금이 5,400만 원이었습니다. 저는 이 아파트를 매수하면서 세입자의 전세 보증금 5,400만 원을 그대로 승계하는 조건으로 계약했습니다.

　매수 가격 5,500만 원에서 전세 보증금 5,400만 원을 제외하니, 제가 실제로 투입한 '내 돈'은 **불과 100만 원**이었습니다. 100만 원이라는 돈으로 아파트 한 채의 소유주가 된 것이죠.

물론 이 아파트에서는 당장 월세 소득이 나오지는 않습니다. 전세이기 때문에 매달 현금 흐름은 없죠. 하지만 투자금 100만 원으로 5,500만 원 상당의 자산을 소유하게 된 것입니다. 실제 소득은 아파트를 매도할 때 시세 차익 형태로 실현되겠죠. 현재 3년 정도 보유했는데, 대략 500만 원에서 800만 원 정도의 시세 차익이 가능한 것 같습니다. 그러나 저는 이 아파트를 급하게 팔 생각은 없습니다. 팔고 싶을 때 팔 겁니다!

투자에서 100만 원 혹은 몇백만 원은 큰돈은 아니지만, 적어도 저에게는 **만족감과 기대감, 그리고 금액보다 훨씬 큰 열정**을 만들어 냈습니다. '아, 이 작은 돈으로도 투자를 할 수 있구나', '나도 자산을 소유할 수 있구나' 하는 깨달음과 자신감은 투자 여정을 계속 이어가는 강력한 동기가 되었습니다. 이런 부분은 경험한 사람만이 갖는 특별한 여유로움이죠.

02

30채 아파트
임대인이 되기까지

처음 투자를 시작하기 전에는 너무 막연했습니다. '어떻게 해야 할까?' 도무지 감이 잡히지 않았죠. 그래서 분양 광고를 하는 모델하우스를 방문하는 것부터 시작했습니다. 그곳 안내 직원의 브리핑은 아주 현란하고 설득력이 뛰어났습니다. 마치 사기만 하면 바로 임대가 맞춰지고 높은 소득이 창출될 것 같은 느낌이 들었죠. 그곳은 오피스텔 분양 사무실이었기에 작은 평수에 비해 분양가는 높았습니다.

방문 후 돌아와서 장단점을 분석해 보았습니다. 장점은 신축의 청결함과 충분한 옵션, 그리고 주변에 갖춰진 인프라 등이었지만, 단점은 훨씬 많았습니다. 우선 오피스텔의 취득세는 4.4%로 일반 아파트의 네 배 수준이었고, 세입자의 전입 신고 시 주거용으로 사용하는 것에 대한 위법 사항, 매수 및 매도 시 부가가치세 납부 등 이행해야 할 사항과 준수해야 할 어려운 문제들이 많았습니다. 이런 단점들 때문에 선뜻 마음이 가지 않았습니다.

대신 평소 눈에 띄던 도시형 소형 아파트 분양 사무실에 방문하여 모델하우스를 구경해 보니, 아담하고 잘 꾸며진 내부 구조와 충분한 옵션 등이 괜찮았습니다. 분양가는 12평 기준 6,500만 원이었는데, 두 채를 한 번에 계약하는 조건으로 각각 100만 원씩 할인해 주었습니다. 게다가 현재 월세 세입자가 거주 중이었고, 각각 보증금 500만 원, 월세 35만 원 조건이었습니다. 그리고 회사 측의 신협 대출도 한 채당 3,000만 원씩 들어있었습니다. 결국 두 채를 매수하는 데 6,000만 원 이하의 금액으로 사들이게 되었고, 신협 대출은 승계받았습니다.

이렇게 1채 살 가격으로 2채를 매수하게 되면서 즉시 월세 소득이 발생했습니다. 한 달 월세 수입은 두 채 합쳐 70만 원이었고, 거기서 대출 원리금 합계 32만 원을 제외하면 나머지 순수익은 38만 원이었습니다. 저는 여기에 2만 원을 더해서 매달 40만 원씩 납입하는 적금을 들었습니다. 이렇게 시작한 투자는 재미와 더불어 저의 관점을 바꾸어 가기 시작했습니다. 원래 하고 있던 자영업도 더욱 신나게 열정으로 가열되었고, 늘 뒷배가 든든하게 느껴지기 시작했습니다.

03

열정은 집념과 능력을 만들어낸다

　드디어 작은 종잣돈이 꾸준히 모였습니다. 이번에는 20평 아파트로 눈을 돌렸습니다. 대단지에 방 2개에 거실, 화장실, 베란다 구조의 복도형 아파트였습니다. 초등학교와 중학교를 가까이한 인프라를 갖춘 24년 된 서민형 아파트였죠. 매수 가격은 6,600만 원이었고, 이 또한 월세 세입자가 거주 중인 상태로 보증금 500만 원에 월세 35만 원 조건의 계약을 승계받았습니다. 이런 조건으로 한 채 더 늘렸습니다.

　반복적으로 '풍차 돌리기' 적금을 타고, 자영업에 따른 소득과 전에 모아둔 비축금 등 가용할 수 있는 자금을 계속 투자에 집중했습니다. 오직 아파트 매수에만 힘쓰며 노력했죠.

　어느덧 9년이 지난 지금, 저는 30채의 아파트를 보유하게 되었고, **월세 소득이 천만 원이 넘었습니다.** 지금 돌아보면 처음 투자 시작할 때 느꼈던 두려운 감정, 막연했던 심정, 그리고 불안함이 생생합니다. 과거의 저처럼 새롭게 투자를 꿈꾸거나 시작하는 초보 투자자들에게 저의 선행된 경험과 걸어온 흔적들

을 전달해서, 어렵고 조심스러운 길을 돌아가지 않고 지름길
로 인도해드리길 바라는 마음이 간절합니다.

04

부영 3채를 팔고
광양 5채를 산 이야기

　30채라는 목표를 향해 나아가면서, 때로는 가지고 있던 아파트를 팔고 다른 아파트를 사는 '자산 재배치' 전략을 사용하기도 했습니다. 그중 가장 기억에 남는 것이 바로 **논산시 소재 부영 아파트 3채를 매도하고, 그 자금으로 광양시의 다른 아파트 5채를 새로 매수한 경험**입니다.

　약 4년 전, 저는 논산시에 있는 부영 아파트 3채를 투자 목적으로 매수하여 4년 정도 월세를 놓으며 보유하고 있었습니다. 당시 이 3채에서 나오던 월세는 각각 35만 원으로, **총 월세 수입은 105만 원**이었습니다. 보유 기간 동안 시세가 조금씩 올라 매수 가격 대비 3,000만 원 이상의 차익이 생기기 시작했습니다. 저는 이때가 적기라고 판단하고 단계적으로 3채를 매도했습니다. 3채를 모두 팔고 제가 손에 쥔 돈은 **약 2억 7천만 원**이었습니다.

　이 자금을 가지고 저는 타지방의 저평가된 아파트를 찾기 시작했습니다. 특히 광양시 내에서 매수 단가가 낮으면서도 높은 임대 수익을 기대할 수 있는 소형 아파트를 집중적으로 물색했죠. 2억 7천만 원이라는 자금에 제가 가진 추가 자금과 대출을 더해 **총 3억 초반의 금액으로 광양시 아파트 5채**를 매수했습니다. 3채를 팔고 5채를 샀는데, 투입된 총금액은 반 채 값 정도만 더 추가된 셈이었죠.

결과적으로 이 자산 재배치는 저의 투자 포트폴리오에 엄청난 변화를 가져왔습니다.

- **아파트 개수 증가**: 3채를 팔고 5채를 샀으니, 제 포트폴리오에 **2채의 아파트가 순증**했습니다.
- **월세 수입 급증**: 가장 놀라운 변화는 월세 수입이었습니다. 기존 부영 아파트 3채에서 나오던 월세는 총 105만 원이었지만, 새로 매수한 광양시 아파트 5채에서는 개당 45만 원에서 60만 원의 월세를 받아 **총 250만 원의 월세 수입**이 발생했습니다. 단순 계산으로도 월세 수입이 두 배 이상으로 뛰어오른 것입니다.

부영 3채 vs 광양 5채 투자 성과 비교

구분	아파트 개수	개당 월세 (대략)	총 월세 수입	매도/매수 총액 (대략)
매도 전(부영)	3채	35만 원	105만 원	2.7억 원 매도
매도 후(광양)	5채	45~60만 원	250만 원	3억 초반 매수

이런 결과를 직접 만들고 보니 경이롭다는 생각마저 들었습니다. 단순히 가지고 있는 것을 유지하는 것을 넘어, 시장의

흐름에 관심을 기울이고 때가 되면 과감하게 자산을 재배치하여 판을 뒤집는 것이 자산 증식에 얼마나 중요한지 깨달았습니다. 이 경험은 저의 투자 포트폴리오 수익률을 끌어올리고 30채 목표 달성에 가속도를 붙여준 결정적인 순간이었습니다.

05

월세 수입으로 떠난
가족여행

부동산 투자를 통해 얻은 수익이 쌓여가면서, 저는 단순히 통장에 숫자가 늘어나는 것 이상의 기쁨을 느끼고 싶었습니다. 힘들게 일궈온 경제적 결실이 저 혼자만의 것이 아니라, 묵묵히 저를 지지해주고 함께 해준 가족들에게 돌아가기를 바랐죠. 그래서 저는 투자로 얻은 월세 수입을 활용하여 가족 여행을 떠나기로 결심했습니다.

매달 꾸준히 들어오는 월세가 차곡차곡 쌓이는 것을 보며, 저는 여행 자금을 따로 마련하는 부담 없이 '아, 이 돈으로 우리 가족 다 같이 좋은 곳에 가서 맛있는 것도 먹고 즐거운 시간을 보낼 수 있겠구나' 하는 생각에 가슴이 벅차올랐습니다. 자영업을 하면서는 하루하루 바쁘게 살림을 꾸려가느라 가족들과 오롯이 시간을 보내는 것이 쉽지 않았는데, 투자를 통해 얻은 여유 덕분에 이런 계획을 세울 수 있다는 것이 감사했습니다.

지난여름, 저는 3박 4일의 휴가 일정을 잡고 가족 여행을 떠났습니다. 목적지는 서해안 일주를 거쳐 남해안 코스를 잡았습니다.

첫째 날, 오전 10시에 군산에 들러 부동산 잔금 처리를 하고 11시에 목포시로 출발했습니다. 오후 2시 30분 목포 해양 케이블카를 타며 유람을 즐기고, 4시 30분 목포 다빈 호텔에 도착했습니다. 저녁 5시 30분, 목포 연안 부두 회센터에서 처갓댁 식구 네 분과 저희 부부, 총 여섯 명이 만났습니다. 모듬회를 비롯한 다양한 스끼다시와 매운탕 등이 접시에 가득 담겨 나왔는데, 접시가 포개져 아래 깔린 음식이 다 안 보일 정도였습니다. 이 모든 음식 비용이 30만 원이라니! 여섯 명이 이렇게 다양한 진미를 맛보는데 산지라 이렇게 싼가 싶어 놀랐습니다. 호텔로 돌아오니 9시쯤 되어 내일 스케줄을 점검하고 일찍 잠자리에 들었습니다.

둘째 날, 예정대로 남해안 쪽으로 방향을 잡고 국도로 일찍 출발했습니다. 아침 햇살을 받으며 고즈넉한 시골 국도 길을 달리며 풍경과 상쾌한 바람을 즐겼습니다. 한적한 국도변 휴게소에 잠시 들러 아침 식사로 아내와 저는 라면을 선택했고, 특별한 라면을 맛보게 되었습니다. 전라도 신김치였는데, 처음에는 너무 짜다 싶었지만 라면에 넣어 먹어보니 아주 독특한 맛을 느껴 지금도 맛 기억이 특별합니다.

다음 도착지는 여수, 그리고 광양시 관광이었습니다. 유람선 승선, 박람회, 축제 등 이곳저곳 가리지 않고 스케줄과 즉흥적인 결정에 따라 많은 곳을 여행하며 충실하게 다녔습니다.

저녁에는 그곳에 사는 처형 부부를 만나 고급스러운 일식집에서 랍스터 회 등을 대접했습니다. 헤어진 후 저희 부부는 광양시 중동에 보유 중인 공실 아파트가 있어서 그곳에서 숙박할 계획으로 침구를 준비해왔습니다. 마치 저희 별장이 준비되었던 것처럼 아주 편하게 머물 수 있었습니다. 현재 이곳 광양시에도 아파트를 열 채 정도 보유하고 있어서 매달 400만 원에서 500만 원씩 월세가 들어오고 있는 중입니다.

셋째 날, 아침 일찍 출발하여 행선지를 구례로 정하고 햇살이 가벼울 때 이른 출발을 했습니다. 국도를 달리다 보니 중간에 무화과 파는 노점들이 간간이 눈에 들어왔습니다. 한 곳에 차를 세워놓고 무화과를 샀습니다. 시골 할머니께서 파시는데 시골 인심이 전형적이었습니다. 맛보라고 한 개씩, 잘 익은 것 한 개, 덤이라고 한 개, 계속 받기가 미안해서 사양하고 차에 앉아 둘이서 무화과로 결국 아침 식사를 대신하며 한 상자 해치웠습니다.

그런 와중에 핸드폰 문자 메시지는 여러 번 띵동 울렸습니다. 월세가 들어왔다는 메시지였습니다. 이번 여행에서 풍족하게 쓴 지출보다 더 큰 액수가 같은 기간에 들어온 것이었습니다. 이런 상황이 지출의 고통보다 시스템 소득의 고마움을 충분히 느끼게 해주는 현실이었습니다.

이어서 구례에 도착해서 특별한 식당을 찾아갔습니다. 메뉴판이 벽에 붙어있는데 주문은 안 받는다는 국밥집이었습니다. 앉아 있으면 알아서 가져다준다고 하더군요. 얼마냐고 물으니 둘이 2만 원이라고 해서 시골 마을이니 현금으로 계산해 주고 나왔습니다. 그다음 임실로 출발하여 치즈 축제장에 도착해서 많은 곳을 구경하고 사진 찍었습니다. 치즈 전시관에 들러서 치즈 식품과 토산품, 그리고 아들네 줄 선물도 쇼핑하고 역시 국도를 유람하며 집으로 돌아왔습니다. 이것으로 2박 3일간의 여름 휴가 여행 기록이자, 지출과 소득의 맛을 비교해 본 경험입니다.

이 여행은 저에게 단순한 휴가를 넘어선 깊은 의미를 남겼습니다. 돈을 버는 이유, 투자하는 이유가 결국 사랑하는 사람들과 행복한 시간을 보내고 더 나은 삶을 누리기 위함이라는 것을 다시 한번 깨달았습니다. 숫자로만 보던 월세 수입이 가족들의 웃음소리와 아름다운 추억으로 바뀌는 순간, 저는 비로소 제가 걸어온 투자 여정이 얼마나 값진 것이었는지 실감했습니다.

06

소액 투자가
가져다 준 삶의 변화

    오랜 시간 주방백화점을 운영하다 보니, 판매 후 배송 상품을 힘든 줄도 모르고 의욕적으로 배송 설치, 납품, 현장에서 조립 등 열심히 나르고 다녔습니다. 하지만 이제 나이가 나인지라 몸 상태에 따라 조심스러워졌습니다.

    이제 부동산 월세 소득이 충분해져서 2년만 더 하고 사업을 전환하려고 합니다. 예전부터 그리던 유화 그림을 다시 시작하여, 화백으로부터 그림을 사사하기 시작해서 공부 중입니다. 앞으로 저의 그림 실력이 향상되면 은퇴 후 현재 운영하는 매장(60평)을 저의 그림 작업실 겸 갤러리로 운영하며, 그림 전시 판매할 계획을 갖고 있습니다. 인생 2막을 돈이 아닌 취미와 삶의 가치를 추구하는 노년으로 보내기 위한 바람이며, 이 모든 계획의 원동력은 부동산 투자 결과의 선물이자 저의 보상입니다.

미래를 위한 최고의 선택,
소액 부동산 투자

01

월세의 힘:
안정적인 수입 확보

한 달에 월세를 송금받는 횟수가 30군데 가까이 되니 모든 수입은 거의 '적금 시스템'으로 운영됩니다. 즉, 들어오는 돈에 맞춰 적금 계좌로 자동 이체되는 구조로 약 월 16개 구조로 돈이 빠져나갑니다. 계속 순환 구조이다 보니 중간에 목돈이 만들어지고 그 돈으로 새로운 아파트를 다시 투자하여 계속 물건을 늘려가는 이유입니다. 매달 따박따박 들어오는 월세는 저에게 큰 안정감을 줍니다. 은퇴 후에도 걱정 없는 든든한 노후를 책임져 줄 것입니다.

02

부동산 투자의 또 다른 매력: 자산 증식

　과거에는 살림살이 늘리거나, 차 바꾸거나, 좋은 음식 소비하는 맛이 전부였는데, 자산 늘어가는 맛을 알고 나서는 비교 안 될 정도로 만족감이 큽니다. 약 4년 전 투자한 논산시 소재 부영 아파트 3채를 매수해서 월세를 4년 정도 유지하다가, 시세가 오르고 매수가 대비 3천만 원 이상 차익이 생기기에 적정할 때 단계적으로 매도했습니다. 이로 인해 대략 1억 가까이 차익이 생겨서 타지방의 저평가된 아파트를 찾아서 매수했습니다. 3채를 팔고 5채를 샀는데, 투입한 총금액은 반 채 값만 추가되었습니다.

　계산을 하면 판 돈은 2억 7천만 원(3채), 산 돈은 3억 원(5채), 월세 소득은 3채 당시 35만 원씩 총 105만 원에서 5채 신규 매수 후 약 50만 원씩으로 총 250만 원으로 늘어났습니다. 이런 결과가 나왔습니다. 저 역시 이런 결과를 만들고 보니 경이롭고, 늘 시장 흐름에 관심을 기울이고 때가 되면 한번씩 판을 뒤집을 필요가 있다고 생각이 듭니다. 이것이 바로 자산 증식의 좋은 예입니다.

03

소액 부동산 투자,
당신의 미래를 바꿀 수 있습니다

저의 작은아들은 4년 전 결혼해서 논산시에 살고 있습니다. 결혼할 때 아파트를 장만하면서 대림 아파트 20평을 9,000만 원에 샀는데, 부모 입장에서는 자립심을 생각해서 절반은 대주고 나머지 절반은 아들 부부 명의로 대출받아서 신혼집을 장만했습니다. 그 후 맞벌이로 살아가는데, 분명 둘의 벌이가 적지는 않았지만 모이는 돈은 없고 늘 빡빡한 생활인 것 같았습니다. 아마도 젊은 층의 소비 패턴이 원인이었겠죠. 주말이면 놀러 다니고 외식하고 해외여행하고 차를 따로 운행하는 등… 뭐 이런 삶이 나쁘지는 않습니다. 그러나 미래에 부가 축적되지 않는다면 결코 안심할 수는 없지 않겠어요?

그래서 만나서 아들 부부에게 부동산 개념 교육을 시작했습니다. 처음에는 대출(레버리지)에 대해 교육했더니 고정관념상 빚은 무조건 나쁘고 불안하다며 건성으로 받아들이고 무관심한 반응이었습니다. 그러던 아들과 경매 현장에 방문해 입찰을 시켜주니 많은 관심과 의욕을 보이기 시작했습니다. 그것을 계기로 투자에 입문하고 자금 조달에 돌입하게 되면서 처음 장만한 신혼집인 대림 아파트를 1억 3천만 원에 팔아 종자돈으로 삼고, 주거는 전원주택을 보증금 1,000만 원에 월세 50만 원으로 얻어 이사했습니다.

이제 자금이 준비되었으니 본격 투자를 시작했습니다. 경매 물건을 낙찰받고 경락 잔금 대출로 자본금을 최소화했습니다. 그리고 급매로 나온 소형 아파트를 3,000만 원에 사서 보증금 300만 원, 월세 30만 원으로 임대 놓았습니다. 또다시 급매 5,000만 원짜리를 사고 대출금 3,000만 원을 받고 월세 보증금 1,000만 원에 월세 45만 원으로 임대 놓았습니다. 이렇게 현재 아들은 불과 1년 남짓한 기간에 4채의 아파트를 보유하고 있으며, 총 월세 수입은 175만 원 정도입니다.

월세 수입 중에는 일부 지출도 있지만, 그것이 끝이 아님을 아셔야 합니다. 왜냐면 그들은 이제 시작이고 방법을 알아가고 있기 때문이기도 하고, 조력자인 아버지(저자)가 방법을 제시하기 때문입니다. 하지만 여러분, 이 책을 읽는 독자들도 제가 방법을 제시하고 안내해 드리기에 독자 여러분도 반드시 이룰 수 있다고 확신합니다. 과거의 저라면 결코 확신하지 못했을 겁니다. 다만 실행하는 순간부터 치열하게 분투하다가 뒤돌아보니 30채를 보유한 투자자가 되어 있었습니다.

저는 40년간 주방용품 가게를 운영해온 평범한 자영업자입니다. 그랬던 제가 '소액 부동산 투자'를 통해 30채 아파트 임대인이 되었고, 월세 천만 원이 넘는 수익을 만들었습니다. 이 책은 그 평범한 여정을 담은 저의 발자취입니다.

제가 해냈다면, 여러분도 충분히 해낼 수 있습니다. 필요한 것은 돈의 액수가 아니라, '절박함과 절실함', 그리고 배우고 '실행하는 용기', '꾸준함과 인내심'입니다. 이 책에서 제가 겪었던 경험, 제가 사용했던 방법과 요령들을 통해 여러분만의 투자 지도를 그려보시길 바랍니다.

두려움 때문에 시작조차 못하거나, 잘못된 정보로 돌아가지 마세요. 제가 걸어온 길이 여러분의 지름길이 될 수 있도록 이 책이 작은 등불이 되어주기를 바랍니다. 용기를 내어 첫걸음을 내딛는 순간부터, 여러분의 미래는 분명 달라질 것입니다.

여러분의 성공적인 투자 여정을 진심으로 응원합니다. 궁금한 점이 있으시면 언제든지 이메일(psc97036321@naver.com)로 연락 주세요.

60대 자영업자 박승찬 드림

"인생은 주어지는 것이 아니라 스스로 만들어 가는 것이다."

— 박승찬

인생은 누구에게나 공평하게 주어지지 않는다. 누군가는 환경에 눌려 멈춰 있고, 누군가는 주어진 것에 감사하며 살아가지만, 나는 다르다.

인생은 나에게 '주어지는 것'이 아니다. 내 손과 내 발, 내 머리로 삶과 부딪히며 만들어 가는 것이다. 오늘의 선택이 나의 내일을 만들고, 매 순간의 작은 행동이 나를 완성한다. 과거는 나를 준비시킨 워밍업에 불과하며, 현재는 나의 미래를 창조하는 도화지이다.

나는 내 인생을 스스로 만들어 가는 장인이다. 어려움이 닥칠 때마다 나는 굴하지 않고 꿈을 포기하지 않으며 한 걸음씩 나아간다.

이 길이 고되고 힘들지라도, 그 끝에는 내가 원하는 삶이 기다리고 있다.

인생은 주어지는 것이 아니다. 나는 만들어 간다.

그리고 그 삶을 사랑한다.

작가 인터뷰

책 서두에, 경매로 건물을 산 젊은 사장에게 '내 밥그릇은 나눠줄 수 없다'라며 거절당했던 일화를 소개해 주셨는데요. 작가님은 이번 책에 귀한 노하우를 아낌없이 담으셨어요. 책을 쓰게 된 계기는 무엇이었나요?

외부보다는 내부적인 요인이 컸어요. 20~30년 전만 해도 정보의 벽이 높고, 접근할 수 있는 경로가 거의 없었거든요. 그때도 욕망은 있었지만, 방법을 몰랐죠. 당시 경제신문을 보다가 '강남 오피스텔 경매 강좌'에 관한 기사를 보고, 그걸 들으려고 돈을 내고 직접 찾아가서 하루를 통째로 투자한 적도 있어요. 기껏해야 동영상 5분, 10분짜리 정도의 정보였지만, 그때는 워낙 정보가 귀해서 집요하게 노력했던 기억이 아직도 생생합니다. 요즘에는 정보는 넘쳐 나는데, 실행하는 사람은 많지 않더라고요. 원하는 방향은 같지만, 과정을 만들어가는 방법을 모르는 사람들에게 제가 경험한 것들을 나누고 싶었어요.

예전에 주변 사람들과 의기투합해서 무료 코칭이나 정보 공유도 해봤는데, 절박할지언정 꾸준히 이어가는 경우가 거의 없었어요. 사람 마음이라는 게, 공짜로 얻을 수 있는 지식에는 그만큼 투자를 잘 안 하게 되는 거죠. 그 이후에는 유료 코칭을 진행해 봤는데, 정보 흡입력도 훨씬 높았고, 끝까지 해내려는 집요함이 남달랐어요. 그때 '뜻이 있는 사람들과 같은 길을 가보자'라는 마음이 들었죠. 이 책은 그런 사람들과 함께 시너지를 내면서 성장해 나갈 계기를 만들고 싶다는 생각에서 시작됐어요.

작가님의 투자 시드머니는 '저수지 효과' 덕분이라고 하셨습니다. 매일 매상 10%를 떼어 모으고, 심지어 본인이 그 돈을 쓸 때도 이자 10%를 붙여 갚았다는 점이 인상 깊었는데요. 이 습관이 작가님의 투자 원칙에 어떤 영향을 주었는지 궁금합니다.

'저수지 효과'가 제 디딤돌이자 밑받침이 되어 주었기 때문에 그 습관은 제 철학으로 자리 잡았는데요. 주변에 열심히 사는데 잘 안 풀리는 친구들을 볼 때마다 도와주고 싶은 마음이 들더라고요. 하던 일이 잘 안돼서 고물상 일을 새로 시작했던 한 친구가 있었어요. 정말 열심히는 사는데 방법을 모르는 게 안타까웠죠. 그래서 '저수지 효과'를 알려주면서, "오늘부터라도 수입의 10%씩 무조건 모아라. 금고를 하나 마련해서 아무에게도 말하지 말고, 네가 직접 관리해라"라고 말해줬어요. 처음에는 제 말을 듣고도 별 반응이 없었는데, 1~2년이 지나고 나니까 그 친구에게도 변화가 찾아왔어요. 조금씩 모으다 보니 어느 순간 목돈이 되고, 또 그 돈을 굴려 다시 채우는 걸 반복하면서 소위 '맛'을 본 거예요. 그걸 기반으로 투자 기회도 잡으면서 사업도 점점 커지기 시작했어요. 고물상 소상에서 중상으로 올라서고, 나중엔 땅까지 사서 아버지 묘소도 옮길 정도로 형편이 좋아졌죠.

그때 돈을 모으는 습관이 사람을 바꾸는 힘이 있다는 걸 깨달았어요. 친구의 성장을 보면서 꼭 자식이 잘된 것처럼 뿌듯하더라고요. 모든 사람이 다 성공할 수는 없겠지만, 의지와 욕망, 그리고 실천이 있다면 누구나 충분히 성장할 수 있다고 생각합니다. 그 믿음이 제 투자 원칙의 중심이에요.

첫 월세 소득 70만 원이 통장에 들어왔을 때, 노동으로 만든 수익과는 감회가 다르셨을 것 같아요. 혹시 처음으로 월세 수익이 생기고 가장 먼저 무엇을 하셨나요?

월세가 들어온 바로 그날, 농협에 가서 자동이체 적금 통장을 만들었어요. 이미 월세는 생활비나 다른 자금으로 쓰지 않도록 시스템을 만들어놨기 때문에, 자금의 맛을 보기 위해 일부만 빼고 나머지는 전부 적금으로 넣었죠. 그리고 집을 한 채씩 늘릴 때마다 그 수익에 맞춰 적금도 계속 추가했어요. 사실 그 과정에서 아내의 영향이 꽤 컸는데요. 아내가 100원을 벌면 80원을 저축하는 사람이거든요. 그러다 보니 어느 해에는 1년에 적금 통장이 수십 개가 될 만큼 적금이 너무 많아져서, 세어보니 가게 매출만큼 적금이 들어가고 있더라고요. 일종의 '풍차 돌리기 효과'죠. 돈을 쓰는 재미보다 모으는 재미가 훨씬 더 컸어요. 오늘 자고 나서 눈을 뜨면 재산이 조금이라도 불어나 있고, 다음날 또 보면 더 늘어나 있고. 큰돈이 아니라도 쌓이는 걸 보는 것만으로도 정말 기분 좋았어요. 책에도 썼지만, 여행에서 마음껏 쓰고 돌아와도 그 사이에 월세가 들어와 있는 걸 보면 말로 표현하기 힘든 만족감이 있어요.

40년간 주방용품 가게를 운영하셨고, 지금은 주택 임대업을 하고 계신데요. 그 두가지가 전혀 다른 분야의 일처럼 느껴지거든요. 혹시 예전에 자영업을 하셨던 경험이 부동산 투자에 구체적으로 어떤 도움이 되었나요?

자영업과 지금 하고 있는 주택 임대업 사이에는 상당히 밀접한 부분이 있어요. 주방용품 가게를 하면서 새 제품과 중고 제품을 함께 다뤘는데요. 식당에 물건을 공급하기도 하고, 폐업한 식당의 물건을 그대로 가져오기도 했어요. 처음에는 단가 책정이나 물건을 보는 눈이 부족해서 손해를 본 적도 많았는데, 시행착오를 겪다 보니 안목이 차츰 생기더라고요. 그 경험이 부동산에도 그대로 연결됐어요. 아파트도 겉으로는 멀쩡해 보여도, 안에는 확인해야 할 게 정말 많거든요. 주방용품 사업을 하면서 그런 부분을 빠르게 파악하는 감각이 길러진 거죠.

예를 들어 싱크대 경첩 부근에 까만 점이나 타다 남은 흔적이 있으면, 그 집은 예전에 바퀴벌레가 살았던 집이에요. 바퀴벌레는 사람 각질이랑 물기를 좋아해서 청결한 집에도 얼마든지 생길 수 있거든요. 그런 집을 피하려면 보는 눈, 즉 촉이 좋아야 해요. 보유하는 집이 많아질수록 생길 수 있는 문제도 다양해요. 어떤 문제가 생겨도 당황하지 않고 해결에 집중하려면 결국 경험이 쌓여야 하더라고요. 새벽에 보일러 고장 때문에 전화가 와도, 이미 대응법을 알고 있으니 불편함이 없어요.

전세 레버리지 투자일수록 '보는 눈'이 정말 중요할 텐데요. 작가님 눈에만 보이는, '절대 놓치면 안 될 보석 같은 매물'의 특징은 무엇인가요?

제가 봤을 때 보석 같은 매물이란 '작은 투자로도 확실한 이정표가 되는 집'이에요. 예를 들어 제가 군산의 한 아파트를 5,500만 원에 샀는데 그때 전세가가 5,400만 원이었으니 100만 원 투자로 한 채를 늘린 셈이죠. 시세차익은 크지 않지만, 그 한 채가 제 투자 지도를 넓혀줬어요. 그 지역의 흐름을 한눈에 볼 수 있으면, 다음 투자 방향도 잡히거든요. 지금 수익이 없다고 손해는 아니고, 시간이 지나면 그게 내 자산이 되고 꼭 필요한 감각도 길러져요. 그런 매물은 대개 '큰 나무 밑의 작은 나무'처럼 저평가된 입지에 숨어 있어요. 역세권, 학군, 공원, 쇼핑몰이 다 있는데도 시세가 낮은 곳. 게다가 주변에 월세 매물이 귀하면 그건 이미 답이 정해진 거예요. 그런 집은 놓치면 안 돼요.

반대로 '이건 정말 괜히 샀다' 싶었던 투자 실패 사례는 없었나요?

애초에 감당할 수 없는 투자는 하지 않으려고 하지만, 그렇다고 모든 투자가 성공적이지는 않았죠. 제가 전주에 있는 매매가 1억 2천, 전세가 1억 1천짜리 아파트를 1억 1,900만 원에 샀어요. 그런데 시세가 오르지도 내려가지도 않고 그대로라서 이런 투자는 손해라고 볼 수도 있겠죠. 하지만 저는 그렇게 생각하지는 않아요. 투자는 수익만 볼 게 아니라, 손해조차 양분으로 삼아 장기적으로 이익을 창출해 내야 해요. 그러면 실패로 여겨지는 투자에서도 교훈을 얻을 수 있어요.

30채를 관리하면서 다양한 임차인을 만나보셨을 것 같아요. 임대인으로서 임차인들을 대하는 과정에서 얻은 배움이 있다면요.

사실 집을 여러 채 관리하다 보면 스트레스도 있지만, 오히려 그걸 즐기는 편이에요. 적당한 긴장은 사는 데 꼭 필요하다고 생각하거든요. 남해에서 잡은 고등어를 수조 차에 실어 서울로 올려보내면, 그중 80%가 죽는대요. 그런데 그 안에 물메기한 마리를 같이 넣으면, 안 잡아먹히려고 밤새도록 도망 다니느라 생존율이 98%가 된다고 하더라고요. 마찬가지로, 임대인으로서 느끼는 불편함과 긴장이 저에게 생동감을 줘요.

투자에는 리스크가 따르는 만큼 가족의 동의가 중요했을 것 같습니다. 아내분은 작가님의 여정을 어떻게 지켜보셨나요?

제 아내는 보수적인 면도 있지만 원체 음악과 예능을 좋아해서 활동 폭이 무척 넓은 사람이기도 해요. 여성 밴드를 운영하며 공연도 하고, 가수 자격증을 따는 등 음악 활동에 몰두하기도 했죠. 그때 저희는 좋아하는 일은 하되, 그걸로 돈을 벌려고 하면 행복하지 않으니 프로는 하지 말자고 합의했어요. 다양한 활동을 하면서 삶의 가치를 느끼되, 검소하고 알뜰하게 살기로 뜻을 모았어요.

부동산 투자의 경우는, 처음에는 모든 걸 공유하다가 점차

이원화했어요. 아내는 결산 보고만 하고, 월세나 개별 관리에는 신경 쓰지 않도록 했죠. 월세 문제가 생기면 감정적인 트러블이 생기기 쉬워서 괜히 부부 사이에 갈등이 늘어날 수 있거든요. 각자 본인 일에 집중하다 보니까 서로 권리와 의견을 존중할 수 있게 됐어요. 지금도 '45년 된 신혼부부'라고 표현할 만큼 사이가 참 좋아요. 투자 과정에서는 역할을 따로 분담하는 게 맞다고 생각해요.

'빚은 나쁘다'는 고정관념을 가졌던 아드님을 투자자로 입문시키셨는데요. 사실 과거에는 작가님도 빚에 대해 조심스러운 입장이었다고 하셨어요. 지금은 빚에 대해 어떻게 생각하시나요?

빚 자체가 절대적으로 좋고 나쁘다기보다는, 잘 활용할 수 있는 빚이라면 좋은 빚이 될 수 있다고 봐요. 집이나 차, 가전제품처럼 소비를 위한 대출은 나쁜 빚이고요. 하지만 나에게 돈을 벌어주는 자산을 만들기 위한 빚이라면 가치가 있다고 생각해요. 다만 빚을 낼 때는 한계선을 꼭 알아야 합니다. 빚을 내기는 쉬운데, 자칫하면 말려들기가 쉬워요. 그래서 항상 '내 능력으로 감당할 수 있는 빚'을 활용해야 한다는 점을 강조해요. 빚과 관련된 문제는 가까운 지인이나 믿을 만한 어른들과 꼭 상의해 보고 판단해야 해요. 그래야 그게 진짜 '좋은 빚'이 될 수 있어요.

경제적 자유를 이루려면 버는 것만큼 돈을 잘 관리하는 것도 중요합니다. '예금 풍차 돌리기'나 '적금 시스템' 외에, 작가님만의 일상적인 지출 관리 비법이 있나요?

지금 제 몸에 걸친 걸 다 합쳐도 10만 원이 안 넘어요. 요즘은 신발도 인터넷에서 만 원만 줘도 취향에 맞는 걸 충분히 살 수 있잖아요. 남한테 어떻게 보이느냐보다 일단 저한테 편하고 좋아야죠. 과소비하면 괜히 손해 본 느낌이 들기도 해서, 꼭 필요한 곳에만 돈을 써요. 지금도 버는 것보다 쓰는 게 더 중요하다고 생각해요. 빈티지숍에 가면 티셔츠가 3천 원, 겉옷이 2만 원하는데, 거기서 마음에 드는 거 하나 사면 일주일 넘게 행복해요. 내 몸이 백만 불짜리인데 옷 가격이 무슨 상관이겠어요. '돈 관리'의 핵심은 단순히 아끼는 것뿐 아니라, 스스로에게 진짜 필요한 소비를 잘 구분하는 데 있어요. 저한테는 과한 소비 대신 하루의 햇살이나 바람을 온전히 느끼는 순간이 훨씬 값져요.

작가님의 투자 철학에 영향을 준 '인생 책'이 있다면요.

근래 읽은 책 중 가장 기억에 남는 건 고명환 작가의 『고전이 답했다』예요. 고명환 씨는 저보다 다음 세대지만, 글이 버릴 것 하나 없이 참 좋더라고요. 애써 여러 권 읽는 것보다 이 책 한 권이 훨씬 값질 거예요. 다독 중인 책으로는 김성오 작가의 『육일약국 갑시다』가 있어요. 그분의 발자취를 그대로 따라가기만 하면 성공을 안 할 수가 없겠더라고요. 추천합니다.

노후의 경제적 자유를 위해 열심히 달려오셨는데, 지나온 시간은 어떠셨나요? 더불어 앞으로 이루고 싶은 꿈이 있다면요.

예전에는 경제적인 목표가 가장 우선이었어요. 그러다 보니 아이들이 자라던 성장기 시절, 예쁘고 소중했던 순간들을 제대로 느끼지 못한 채 지나친 것 같다는 아쉬움이 있어요. 그래도 두 아들에게 많은 유산을 물려주는 것보다는, 물고기를 잡는 방법을 알려주려고 노력했어요. 경제적 시스템을 스스로 구축하도록 가르쳤죠. 그래서 작은아들은 짧은 기간 트레이닝을 통해 네 채 정도의 보수적인 경제 기반을 마련했고, 큰아들은 마흔 살에 본인이 선택한 삶을 위해 조기 은퇴를 했어요. 스스로 인생의 방향을 결정하며 살아가는 걸 보면 참 뿌듯해요.

젊은 시절에는 경제적인 목표에만 몰두했던 만큼, 인생 2막은 진정한 삶의 가치를 중심에 두면서 살고 싶어요. 이번 책을 쓴 이유이기도 하죠. 다음에는 오랜 꿈이었던 시집 출간을 준비 중이에요.

마지막으로, 투자를 망설이고 있는 5060 독자들에게 한 말씀 부탁드립니다.

5060 세대는 투자가 잘못되면 못 일어난다는 일종의 압박감이 클 수밖에 없어요. 게다가 부동산 공부를 하려면 자격증을 따거나 경매를 배우라고들 해요. 맞는 말이지만 너무 먼 길이죠. 그래도 방법은 있어요. 시간과 여유가 있다면, 법원 경매에 재미를 붙여보세요. 처음에는 삭막하고 어렵게 느껴지다가도

여러 번 가다 보면 익숙해지면서 자연스레 입찰 과정도 배우게 돼요. 저희 아들도 강경 법원에서 알바를 하면서 한두 달 다니다 보니 경매에 눈을 떴어요.

5060 세대도 마찬가지예요. 목표를 향한 단호함과 집념이 있다면 얼마든지 할 수 있어요. 그냥 살던 대로 살면 당연히 아무 일도 안 일어나요. 각자의 삶이 다 다른 모습이더라도, 철저한 계획과 실천 의지가 있으면 충분히 성공할 수 있어요. 열 마디 말보다 행동으로 경험을 쌓아 나아가셨으면 좋겠습니다.

작가 홈페이지

**60대 자영업자 박사장은 어떻게
9년 만에 소형 아파트 30채를 모았을까?**

발행일 2025년 11월 24일

지은이 박승찬
펴낸이 마형민
기획 페스트북 편집부
편집 곽하늘 강채영 유혜수
디자인 김안석 표진아
펴낸곳 주식회사 페스트북
홈페이지 festbook.co.kr
편집부 경기도 안양시 동안구 관악대로 488

ISBN 979-11-6929-935-0 03320
값 13,000원